LES CAUSES CONSTANTES

DE L'ORDRE.

LES CAUSES

CONSTANTES

DE

L'ORDRE DES SOCIÉTÉS HUMAINES,

OU

PRINCIPES CONSERVATEURS

DE L'HOMME, DE LA FAMILLE ET DE LA SOCIÉTÉ,

Par Aug. RICHOND, Avocat.

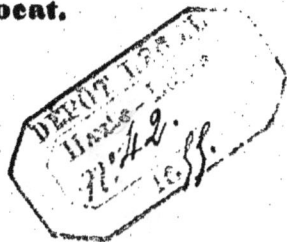

AU PUY,

IMPRIMERIE D'ALEXIS GUILHAUME.

1855.

LES
CAUSES CONSTANTES
DE L'ORDRE
DES SOCIÉTÉS HUMAINES,
ou
PRINCIPES CONSERVATEURS
DE L'HOMME, DE LA FAMILLE ET DE LA SOCIÉTÉ.

———————

Le plus grand des maux pour le genre humain
est l'apothéose de l'erreur.   BACON.
Dans une science, on ne tient rien si on ne
tient toute la chaîne.   MONTESQUIEU.

Il semble que c'est après ces temps critiques où la raison
humaine était prête d'abuser d'elle-même, qu'on doit chercher dans les principes immuables de la législation les
vues qui l'épurent et la redressent, comme dans ces monu-
mens où président sa plus grande force et sa véritable sagesse. C'est dans ce but que nous avons choisi les principes
des lois de la famille, si bien d'accord avec ceux de la propriété et qui dans tous les temps ont exercé la plus grande
influence sur le bonheur des hommes, surtout lorsqu'ils
ne sont, comme chez nous, qu'une application intelligente
de ces lois primitives de la famille mises en harmonie avec
celles de la société.

Nous avions d'ailleurs une raison décisive pour faire ce
choix. Dans ces derniers temps, de misérables sophistes,
travaillés de la pire de toutes les maladies, je veux dire
celle d'une perfection imaginaire, ont eu l'audace de professer des principes et de chercher à imposer à la société
une organisation nouvelle, sur les ruines de la *famille*, de
la *propriété* et de la *religion*. Dans tous les temps, le bon
sens de l'humanité a fait justice de ces vieilles et folles
doctrines, et la vérité est sortie constamment plus écla-

tante de cette grande lutte avec l'erreur : tant il est vrai que les bases de la société, de la *famille* et de la *propriété*, comme la *religion* qui les sanctifie, se fortifient d'âge en âge, par les efforts mêmes tentés pour les affaiblir et les détruire.

La vérité a un empire naturel sur les hommes; on lui résiste, mais cette résistance est son triomphe; encore un peu de temps et l'on est forcé de revenir à elle.

Les dissentions civiles qui ont agité les peuples, les malheurs qui ont pesé sur eux, ont presque toujours dû leur existence à l'oubli ou aux tentatives d'affaiblir ou de renverser ces principes conservateurs des sociétés, et l'ordre et le bonheur dont ils ont joui peuvent être regardés comme le signe du respect qu'ils ont porté à ces principes.

L'état de révolution est un passage. Il faudrait être bien insensé pour faire de l'état révolutionnaire le but d'une révolution; mais quand le pouvoir, errant quelque temps, est enfin tombé dans les mains des forts et des sages, c'est alors que l'autorité sent la nécessité de raffermir la société ébranlée sur ses bases naturelles, c'est-à-dire, sur *la famille, la propriété et la religion*, premiers gages de l'ordre public.

Nous remonterons à l'origine de la société domestique, pour mieux découvrir les liens qui l'unissent à la société civile, dont elle est l'élément et le modèle, afin de rendre la vérité plus éclatante, nous prémunir contre les dégradantes erreurs des sophistes, qui ont perverti tant de cœurs, et nous fournir l'occasion de consolider les bases de la société, au nombre desquelles on doit mettre encore la *justice* et la *charité*. La *justice*, loi morale, analogue à celle de la gravitation, ainsi que nous le démontrerons; elle est aussi nécessaire à l'ordre social que la gravitation l'est à l'ordre physique de la nature. De cette grande loi de la justice dériveront de nombreuses conséquences : les lois, les institutions capables de garantir les intérêts moraux et matériels des hommes réunis en société, la sûreté de leur personne et de leur propriété; la nécessité de régénérer les mœurs, qui rendent la justice plus usuelle et la charité plus abondante; vrai moyen de soulager l'indigence.

Nous parlerons de la misère, cette plaie des sociétés modernes. Colbert avait tenté d'en prévenir les ravages par de belles ordonnances : mais nos modernes législateurs n'ont pas su respecter son ouvrage, quoiqu'il fût facile de concilier tous les intérêts.

Tels sont les motifs, la nature et l'objet de cette publication; je m'efforcerai de la rendre aussi digne que possible de l'indulgence dont elle a besoin.

PRÉLIMINAIRE.

Si l'on considère l'ordre et l'harmonie de toutes les parties de l'univers, on demeure convaincu que la Divinité, qui a tout créé, a voulu la durée de son ouvrage. Elle y a pourvu, pour les êtres animés, par la succession non interrompue des individus : cette succession suppose leur conservation et leur reproduction.

La reproduction est assurée par l'attrait du plaisir : tous les êtres animés y sont entraînés par le plus impérieux de leurs penchans.

La conservation des individus est protégée par *l'instinct conservateur* et *l'amour de soi*. L'amour de soi est une affection innée chez tous les êtres animés : il faut qu'ils s'aiment pour se conserver ; car, comment veilleraient-ils à leur conservation s'ils n'y prenaient le plus grand intérêt ? Cet amour est éclairé par cette intelligence secrète, mystérieuse, *l'instinct conservateur*. Le plaisir et la douleur l'éveillent, le développent et le dirigent tour-à-tour ; immuable depuis l'origine du monde jusqu'à nos jours, il conduit les animaux à leur destination par un chemin toujours sûr.

L'instinct conservateur et l'amour de soi eussent été insuffisans pour garantir la perpétuité des espèces dont les petits, à leur naissance, ne peuvent suffire à tous leurs besoins, si la nature, qui n'abandonne jamais son ouvrage, n'eût imprimé à tous les animaux de ces espèces une affection des plus fortes pour tous les êtres qui leur doivent la vie ; cet amour étend plus ou moins son activité, il agit avec plus ou moins d'énergie ; mais, chez tous, il est suffisant à son objet, la conservation des petits.

Le temps où les petits des animaux ont besoin de protection dure peu ; leur accroissement est si rapide, leur éducation si bornée, qu'ils sont bientôt en état de vivre seuls, et c'est alors qu'ils sont abandonnés à eux-mêmes, ce qui arrive toujours avant que la mère ait de nouveaux petits. Chez l'homme, au contraire, la conservation des enfans nécessite des soins longs et pénibles ; avant que la mère soit affranchie des soins nécessaires aux enfans qu'elle a déjà, il peut lui en survenir encore ; la continuité de l'espèce exigeait donc que les soins du père et de la mère concourussent indéfiniment ; de cette nécessité dérive *l'état de famille* qui commence la société.

L'homme est entraîné à vivre en famille, non-seulement par ses besoins physiques, mais encore par ses affections morales, qui le distinguent des autres animaux. L'état de famille est la condition de son existence, le premier moyen de sa conservation, l'état naturel de son espèce; l'état de société n'est qu'adventif, tout fondé qu'il soit sur une foule de principes de la nature humaine.

C'est dans la constitution même de l'homme que résident les causes qui préparent sa sociabilité et amènent insensiblement sa civilisation.

L'auteur de la nature, qui a pourvu à la conservation de l'homme physique par l'instinct et l'amour de soi, n'a pas abandonné l'homme moral à l'empire d'une volonté capricieuse ou des circonstances; il lui a donné *la conscience pour aimer le bien, la raison pour le connaître, et la liberté pour le choisir.*

L'homme n'a pas été mis sur la terre pour la même fin que les animaux; la conscience et la raison, d'où résulte la connaissance du bien et du mal, ne tiennent pas à sa nature physique, qui ne tend qu'à se conserver soi et les siens et à se multiplier, elles appartiennent à une nature plus élevée, à cette substance qui anoblit son existence, qui réside dans le corps et le domine, qui perçoit les sensations par l'intermédiaire des nerfs, qui pense à l'aide du cerveau, instrument et non cause de l'intelligence; substance spirituelle, indivisible qui nous révèle son immortalité.

La liberté de l'homme est cette faculté qui permet à la volonté de se déterminer sans en appeler à d'autre autorité qu'à la conscience et à la raison; mais l'homme ne subit pas cette autorité, il sait qu'il peut la braver et se déterminer en sens contraire.

La volonté la plus libre ne se détermine pas sans motifs. L'action de la liberté n'est pas une action sans cause, ou le hasard aveugle des épicuriens.

L'opinion contraire est une illusion de l'esprit qui, perdant de vue les raisons fugitives du choix dans les choses indifférentes, se persuade qu'elle s'est déterminée d'elle-même et sans motifs.

C'est de cette vérité, que la volonté ne se détermine pas sans motifs, que dérive le *mérite* ou le *démérite* des actions humaines; ainsi, la vertu n'est que le mérite de la volonté ne se décidant qu'après les plus douloureux sacrifices; le nom même de *vertu* ne se concevrait pas, si elle n'était une force qui a triomphé dans le combat où il a fallu choisir entre le bien et le mal.

Le *démérite*, ou la responsabilité des actions, dérive aussi de la volonté, lorsque l'homme, abusant de sa liberté, a violé les lois de la nature en faisant le mal.

D'où l'on voit que la *conscience* et la *raison* sont supérieures à la liberté même, puisqu'elles tendent à la régir, à l'incliner à l'obéissance. Ainsi, l'homme qui obéit à cette autorité obéit aux lois de sa nature créées par Dieu, qui a su assujétir sa liberté, pour en contenir les écarts, à l'influence de cette autorité qui l'éclaire, la dirige et ne la force pas, et laisse ainsi à sa volonté la faculté d'agir par son choix.

L'homme a-t-il des règles sûres pour connaître ce qu'il doit faire, ce qu'il doit éviter? Un éloquent philosophe nous répond : *La loi naturelle est une loi incorruptible et vivante, qui n'a pas été écrite de la main des hommes sur des colonnes de marbre ou de bronze, sur le papirus ou le parchemin. Elle a été gravée dans un entendement immortel, par une nature immortelle.*

Oui, Dieu gouverne le monde par des lois immuables, *les lois physiques de la nature;* elles règlent le rôle, la marche et la destinée de l'atôme, comme celle de l'univers : telles sont, pour les végétaux, celles de la végétation ; pour ce qui se meut, les lois du mouvement et de la gravitation ; pour les animaux, pour l'homme, les lois de la vie. Elles ont une autorité incontestée contre laquelle se brisent toutes les autres.

Les lois morales de la nature, règle suprême de la destinée de l'homme et de ses actions; conséquences nécessaires des rapports qui-lient entre eux les hommes et l'être puissant qui les créa.

Ces lois sont pour l'homme, être sensible, intelligent et *libre,* et pour les sociétés humaines, *ce que les lois physiques de la nature sont pour le monde matériel. Elles ont le même degré d'autorité et de nécessité;* seulement le secret en est plus profond.

C'est en vain que l'homme s'efforce de contrarier l'ordre physique de la nature, il se rit de ses efforts et demeure fidèle à ses lois ; les maladies, les infirmités, une vieillesse précoce infligent au délinquant une peine proportionnelle au délit.

Les lois morales ne sont pas destituées de force et de sanction ; il n'est pour l'homme qui les viole ni tranquillité d'esprit, ni calme de l'âme, sans lequel il n'est pas de bonheur ; les sociétés qui les méprisent sont accablées de mille maux plus terribles encore, l'anarchie ou le despotisme. Nierait-on cette nécessité morale; mais alors l'expérience ne pourrait servir de conjecture pour l'avenir, et la sagesse accumulée d'âge en âge serait sans liaison et sans utilité.

Il faut donc le reconnaître, l'ordre a ses lois naturelles physiques et morales, et chacune d'elles est de soi immuable et se venge de qui les méconnaît. Rien de bien ne se fait sur la terre qu'en observant ces lois ; elles président à la conservation comme à la perfection de l'homme et des sociétés humaines.

C'est à son respect des lois de la vie, à l'observation des préceptes de l'hygiène, de la sobriété surtout, que l'homme doit la conservation de sa santé, si nécessaire à son bien-être physique, et c'est à son respect des lois morales, à la pratique de la vertu qu'il peut espérer d'approcher du bonheur.

Dans l'homme, le corps est fait pour l'âme et l'âme pour le corps ; ce merveilleux et harmonieux assemblage de ces natures *physique et morale*, dont le but est la vie, est ce qui constitue l'homme.

Vivre, ce n'est pas respirer, c'est agir ; c'est faire usage de ses organes, de ses sens, de son intelligence, de ses facultés physiques et morales, de toutes les parties de son être.

L'homme, qui a deux natures, ne saurait vivre d'une seule vie. Il ne doit donc pas diriger son activité vers les seules recherches et les jouissances matérielles ; la connaissance et la *pratique du vrai, du juste et du bon* sont les élémens de sa vie morale.

La recherche et la satisfaction de ses besoins physiques ne sont pas le mal, puisqu'ils sont une condition de son existence, mais ils le deviennent s'ils sont *recherchés, satisfaits en transgression des lois de sa nature morale.*

Tout n'est pas fait quand l'homme a pourvu à la vie du corps, il faut qu'il s'assure celle de l'âme, qui n'est pas moins nécessaire à son bonheur. Il n'y a pas de dualité en nous, ce n'est pas un corps, ce n'est pas une âme qu'il faut satisfaire, mais un homme. Il ne faut pas séparer ces deux parties de son être. Ainsi, dans le développement de *ses facultés*, dans *la recherche et la satisfaction de ses besoins*, tout ce qu'il fait pour le service d'une de ces deux parties de son être ne vaut rien, si c'est aux dépens de l'autre.

L'homme dans ses actions, comme le législateur dans ses lois, doivent donc tendre à concilier ces deux espèces de biens, *le bien physique* et *le bien moral*, et conserver *l'harmonie qui existe naturellement entre eux* (1).

_____

(1) *Ainsi encore, dans la science de l'économie politique*, qui s'occupe de l'acquisition, de la distribution et de la consommation des richesses, on ne doit admettre d'autres principes que ceux conformes à la raison, à la justice, à l'ordre public et aux bonnes mœurs, quel qu'en soit l'utilité apparente et passagère ; considérée sous ce point de vue, cette science n'est qu'une branche de la science sociale. Nous développerons ce principe en son lieu.

On voit par ce qui précède, qu'il ne faut pas confondre, comme l'a fait Justinien, *l'ordre physique de la nature*, commun à tous les êtres animés, avec *l'ordre moral particulier à l'homme*. Ainsi, les soins paternels qui, dans les bêtes, ne sont produits que par une impulsion instinctive, et dont bientôt il ne reste pas de traces, deviennent dans l'homme un devoir, garanti par le sentiment le plus puissant peut-être qui soit dans la nature.

C'est par les sentimens, garantie des devoirs, que la Providence nous révèle leur importance relative, comme elle nous donne les moyens de les accomplir.

APERÇU

SUR LES IMPERFECTIONS DES PURES THÉORIES MORALES HUMAINES ET LA PERFECTION DE LA MORALE PRATIQUE DE LA RELIGION.

Les vérités qui font l'objet des sciences physiques sont transmises par les corps à notre intelligence; les vérités morales relatives à nos devoirs envers nous, envers nos semblables, envers Dieu, comment nous sont-elles transmises? puisque notre intelligence n'en est pas le foyer primitif. Platon nous dit qu'aucun homme ne peut nous les apprendre, à moins que Dieu ne lui en ait révélé le secret. La pensée divine de la loi naturelle ne peut dériver que de la révélation. Jusque là l'homme ne peut faire que des conjectures.

C'est bien là le langage où je reconnais le philosophe que le doute tourmente, à qui une conscience pure, une raison éclairée, aidées de l'amour de soi et de la sympathie ne suffisent pas pour guider l'homme dans la conduite de la vie. Platon imagine un système qui, dans l'application, n'est que le matérialisme pur, espèce de machine sans vie morale, qu'il eût désavouée si elle eût pu fonctionner; c'est le cheval de Troye qui porte dans ses flancs ceux qui doivent le détruire dès qu'il sera entré dans la place ennemie.

Dieu refuse aux théories purement philosophiques le caractère d'évidence dont il empreint les vérités pratiques; c'est à l'observation à sauver la philosophie des hypothèses et des abstractions. Les phénomènes ne sont l'objet des sciences physiques que lorsqu'ils peuvent nous révéler quelque chose de supérieur à eux-mêmes, c'est-à-dire leurs lois. Il en est de même dans les sciences morales qui ont l'homme et les sociétés humaines pour objet, et par conséquent la nature de l'homme et de ces sociétés. Des expériences exactes et récentes ont été faites par M. Flourens, qui lui ont révélé la nature de l'intelligence et de l'âme humaine, méconnues par un grand nombre de philosophes spéculatifs, et qui confirme ce qui nous est enseigné par la morale. Ces expériences lui ont prouvé que quand on enlève à un animal ou à l'homme les *lobes* ou *émisphères cérébraux*, l'animal, à l'instant, perd la vue, et cependant rien n'est changé par rapport à l'œil. Ce n'est donc pas l'œil qui *perçoit*, ce n'est pas l'œil qui *voit*.

L'œil ne voit pas, c'est l'intelligence qui *voit* par l'œil.

M. Flourens prouve ensuite que *le principe qui perçoit est un*, que, perdu pour un sens, il est perdu pour tous. Et s'il est *un* pour les sens externes, comment ne serait-il pas *un* pour les facultés de l'âme. C'est avec le secours de ces expériences que M. Flourens est parvenu à renverser tout le système matérialiste du docteur Gall et de ses adeptes, système le plus dangereux comme le plus faux qui ait jamais été professé dans le monde. (Voir l'*Examen de la Phrénologie*, par FLOURENS, secrétaire perpétuel de l'Académie des sciences.)

L'idée, considérée comme simple sensation transformée, sert de base à la philosophie de Condillac, qui a été l'objet de tant et de si violentes attaques, parce qu'on la mettait au rang des systèmes matérialistes. Eh bien ! la découverte du télégraphe électrique nous fournit un argument sans réplique contre la base de ce système. Oui, sans doute, nous n'avons pas d'idées sans le secours des sens, mais il y a, dans la transmission des idées par les sens, un élément indépendant des sens. L'électricité ne se transmet pas sans un fil conducteur, mais il y a dans l'électricité un élément très distinct de ce fil, c'est-à-dire le fluide électrique. Il y a aussi dans l'idée un élément différent des sens, *l'intelligence qui perçoit*. L'idée n'est pas la transformation d'un son, quoi qu'en dise M. de Condillac.

Ce qui sépare la sensation de l'idée, ce n'est pas seulement une transformation, un changement de forme, c'est un changement de nature. Passer de la sensation à l'idée, c'est passer du physique au métaphysique, du corps à l'esprit, de la matière à l'âme.

Que dirons-nous donc de la pensée, qui n'est qu'une combinaison d'idées faite par l'homme indépendamment des sens, et de la réflexion qui n'est que la connaissance de la pensée par la pensée.

On avait beaucoup exagéré l'influence des sens sur l'intelligence. Helvétius va jusqu'à dire que l'homme ne doit qu'à ses mains sa supériorité sur les bêtes.

Cette singulière doctrine d'Helvétius est fort ancienne.

Anaxagore l'avait déjà, et déjà Galien la réfutait dans Anaxagore.

Remarquons, d'abord, que personne n'a jamais aussi bien vu que Galien tout ce qu'il y a d'admirable dans la structure de la main, tout ce qu'il y a de presque infini dans les services qu'elle nous rend.

Galien ajoute aussitôt, avec sa supériorité de vue : « Ce » n'est pas parce que l'homme a des mains qu'il est l'ani- » mal le plus sage, comme le disait anaxagore, c'est, au » contraire, parce qu'il est le plus sage des animaux que » la nature lui accorde des mains, comme Aristote le sou- » tient avec justice. »

Il continue : « L'invention des arts n'est due qu'à la rai- » son et non aux mains, qui n'en sont que les organes. Et » comme la lyre et les tenailles n'apprennent rien au mu- » sicien ni au maréchal, qui n'en sont pas moins deux » artistes, quoiqu'ils ne puissent rien exécuter sans ces » instrumens; de même l'âme, en vertu de son essence, » n'est pas moins douée de certaines facultés, quoiqu'elle » ne puisse pas les mettre en action sans le jeu des or- » ganes du corps auquel elle est unie. »

Kant cherche à faire reposer tout son système transcen- dantal sur la raison pure, et, ne pouvant se dégager du doute, du scepticisme dont il était enveloppé, quoiqu'il voulût le combattre, est obligé d'appeler à son secours la raison pratique.

Platon, malgré la grandeur de son génie, l'élévation de ses pensées, livré à des idées purement spéculatives, cher- che à se donner un modèle parfait d'une république; mais, faisant abstraction de la nature humaine, il ne produit qu'un beau rêve d'une imagination généreuse, n'ayant pour guide qu'une ardente passion pour l'amélioration du sort des hommes. Dans ses lois, sa république réelle, on ne retrouve plus les mêmes écarts; on voit qu'il a eu pour guide la vérité pratique. Cependant nous le voyons encore, dans le doute, affirmer avec une douleur résignée l'impuis- sance de la raison : *Il faut attendre*, dit-il, *que quelqu'un vienne nous instruire*, il s'écriait, dans son ALCIBIADE II : *Qu'il vienne donc incessamment; je suis décidé à faire ce qu'il me prescrira, et j'espère qu'il me rendra meilleur.* Il avait pressenti la venue du Christ.

La morale de Jésus est une morale pratique, la seule grande, la seule vraie, la seule à la portée des plus faibles intelligences, morale qui convient à tous les temps et à tous les lieux, morale universelle vraiment divine, qui participe de la nature et de la perfection de l'auteur des choses; toutes ses paroles sont empreintes de l'esprit divin.

L'expérience ayant appris que les peuples étaient portés à l'idolâtrie, pour nous prémunir contre des superstitions absurdes, Dieu se définit lui-même : *Je n'ai point de nom particulier*, a-t-il dit, *tout ce qui tombe sous vos sens, la nature entière est mon ouvrage. J'ai précédé la lumière et les temps, je suis seul. Je vis dans l'éternité. Aucun homme dans la vie présente ne m'a vu ni ne me verra face à face. Je suis celui qui est.*

Dieu est celui qui est, — parole simple mais effrayante comme l'infini, et féconde comme la puissance.

La philosophie humaine s'est-elle jamais élevée à des idées plus grandes et plus vraies ?

J'ai dit que la morale de Jésus-Christ était la plus simple, la plus à la portée de la généralité des hommes, en voici la preuve :

I. DEVOIR DE JUSTICE ABSOLU.

Ne faites pas aux autres ce que vous ne voudriez pas qui vous fût fait.

Précepte clair, admirable, pratique, puisque nous sommes toujours mieux enseignés sur nos droits que sur ceux d'autrui.

II. DEVOIR DE CHARITÉ RELATIF.

Fais aux autres ce que tu voudrais qu'on te fît.

Ce devoir est laissé dans le vague, sans limites déterminées, et par cette raison on l'appelle devoir imparfait, relatif, parce que la bienfaisance doit être pratiquée avec discernement ; le bienfait peut nuire, il peut être mal placé. Ce devoir dérive de la sympathie, de l'amour naturel que l'homme porte à ses semblables. On trouve dans les Écritures : *Aimez-vous les uns les autres, et la loi est accomplie*, pensée profonde, conforme à la nature de l'homme, qui renferme les conditions d'existence des sociétés humaines, de la famille, dont elle est l'unique fondement, et de la société principalement fondée sur les rapports de bienveillance, de bienfaisance et de charité.

L'amour est la première puissance conservatrice de l'espèce humaine. Sans l'amour qui lie les êtres les uns aux autres, qui leur fait confondre leur propre bien dans celui d'autrui, qui met l'enfance et la faiblesse sous la protection de l'expérience et de la force, non-seulement l'espèce humaine n'aurait eu qu'une existence dépouillée de plaisir, mais n'aurait pu se maintenir.

Admirez, en effet, dans la famille, avec quel intérêt la nature imprime à l'homme un amour sans bornes pour ses enfans, et l'invite à acquérir tout ce qui est nécessaire pour les nourrir avec aisance et les conserver avec soin ; avec quel discernement elle s'adresse à sa sensibilité ; comment ce charme des affections répandu sur nos premiers devoirs nous rend leur pratique délicieuse, sans songer à ce que la raison semble nous prescrire, ni à ce que pourra être un jour la mesure de leur gratitude. Les devoirs des enfans s'accomplissent longtemps avant que la raison puisse les leur prescrire. Rien n'est calculé d'avance ni après.

Ne semble-t-il pas que la Providence a voulu manifester son dessein : si elle s'adresse d'abord au sentiment, c'est qu'il exerce une plus prompte et une plus vive influence sur la volonté, mais nous devons toujours lui associer la raison. Ces deux facultés sont confondues en nous par la nature pour nous aider également à nous bien conduire, et la nature ne fait rien en vain.

Sans doute les philosophes, dans tous les temps, nous ont manifesté le désir louable de ne nous enseigner que ce qui est utile et bon, que ce qui est raisonnable ; mais d'après le faible aperçu que nous avons donné de leurs doctrines, on voit qu'ils n'ont pu s'accorder sur ce qui est utile et bon ; qu'il ne règne pas une grande harmonie entre eux ; qu'ils ont de tout temps discuté et qu'ils discutent encore sur les règles de la morale ; que chacun d'eux a son opinion qui se réduit à son propre suffrage, et que, comme le dit Montaigne, pour tous les systèmes il y a toujours un *boute-dehors*.

Toute la morale chrétienne est résumée dans les deux principes rappelés plus haut, et si simples qu'on les apprend aux enfans.

Le célèbre Kant a voulu aussi renfermer toute sa morale transcendante en une formule scientifique qu'il expose ainsi :

« Agis de telle sorte que la maxime de ta volonté puisse toujours être considérée comme un principe de législation universelle. »

Mais j'observe que ce grand principe ne fait pas servir notre intérêt à nous éclairer sur nos devoirs envers nos semblables ; qu'il est insuffisant pour diriger nos actions spontanées, et servirait tout au plus à guider nos actions réfléchies à loisir ; que le résultat de cette morale, dont on a fait tant de bruit, n'aboutit qu'à guider quelques intelligences d'élite dans quelques cas rares et particuliers. Au contraire, les préceptes de la morale chrétienne sont un moyen facile à tous les hommes d'en faire une sûre et juste application ; les principes qu'elle énonce portent avec eux l'empreinte de la vérité : l'unité et la généralité.

DE LA FAMILLE.

Nous allons nous occuper de la famille. Nous la considérerons comme élément de la société. Les règles que le législateur doit prescrire, dans ce cas, ne doivent être que le développement de celles de la famille naturelle, mises en harmonie avec celles de la société. C'est ce que les Romains nommaient *Droit naturel secondaire*, — *Jus gentium*, c'est-à-dire, Droit commun à toutes les nations, Droit mieux approprié aux usages de la vie des peuples.

LA FAMILLE BASE ÉTERNELLE DE LA SOCIÉTÉ CIVILE.

C'est Dieu qui a posé dans la famille le germe de toute société. La famille est *le berceau de l'homme social et perfectible*; c'est elle qui forme cette unité précieuse qu'on remarque dans les œuvres du créateur et qu'on recherche vainement dans celles des hommes ou du hasard; c'est cette unité qui sert à composer toutes les grandes sociétés de la race humaine.

La société civile n'est que l'agrégation de plusieurs familles, associées par les mêmes besoins de sûreté et d'appui et par la jouissance des mêmes avantages.

C'est dans une famille bien unie que l'on voit régner les plus beaux sentimens qui soient connus des hommes; l'amour conjugal et l'amour paternel. C'est là que le père est bon envers ses enfans, les enfans touchés de reconnaissance pour les bienfaits de leur père; où les frères s'entr'aident mutuellement avec amour; là est l'image où paraît l'état parfait auquel Dieu a destiné les hommes.

Y a-t-il, en effet, un état comparable à cet accord harmonieux de tous, ayant même origine, mêmes projets, à cette confiance réciproque, à cet échange continu de services affectueux, à cette coopération commune, à cette réunion de forces, de travaux pour atteindre le même but, les mêmes avantages, premier et puissant lien de la société domestique. Mais si la nature a inspiré ces affections dans la famille, il faut, dans la société, que la loi positive intervienne pour entretenir ces dispositions premières de la nature. Ici-bas, tout ce qui se pratique a besoin de règle, de guide; la vertu même n'est que le fruit d'un long et pénible apprentissage.

Aussi voyons-nous que le mariage, la puissance paternelle, les droits et les devoirs respectifs des époux et des enfans, les donations, les successions reçoivent de la loi un caractère d'autorité, d'ordre, qui ne bannit pas, sans doute, l'égoïsme, les jalousies, les querelles, et par suite

les injustices; mais la loi s'efforce d'en prévenir un grand
nombre; quant aux autres, elles sont réprimées par elle.
C'est elle, c'est une législation prévoyante qui doit réprimer ces manœuvres ténébreuses, immorales, de sugges-
tion, de captation, qui pervertissent tant de cœurs, portent la désunion et le trouble dans les familles.

Voilà le but que doit se proposer le législateur dans l'organisation de la famille, quoiqu'il ne puisse espérer de
l'atteindre. Il le doit, parce que la prospérité de l'Etat dépend de celle des familles dont il est composé; parce que,
lorsque les opinions politiques nous divisent, les affections
naturelles de la famille peuvent nous unir et sont le dernier
rempart de la société; parce que c'est dans la famille que
se préparent toutes les vertus civiles et politiques, et
qu'elle sera toujours le principe conservateur de la société
et son plus solide fondement.

La famille est une nécessité naturelle; or, ces nécessités
ne naissent ni ne finissent avec le temps; elles existent dès
le commencement du genre humain et ne peuvent finir
qu'avec lui; nous sommes donc autorisés à dire que le
temps n'est pas venu de supprimer la famille et qu'il ne
viendra jamais.

L'expérience, qui ferme le cercle des illusions humaines,
prête à cette vérité son éclatante lumière: a-t-on jamais
vu, en effet, des sociétés civiles sans familles, comme on
voit des familles sans société civile? La famille a existé
chez les peuples les plus barbares; elle existait même à
Sparte où l'expérience la plus forte et la plus complète a
été faite des institutions contre nature.

Les vertus civiques qui n'ont pas leur origine et leur
consécration dans les vertus privées, ne sont que des vertus de théâtre, des vertus factices; et les vertus factices ne
sont pas des vertus.

Le législateur, en traitant de la famille, n'a pas oublié
ni les soins nécessaires aux enfans, ni ceux qu'exige leur
éducation, ni la nécessité de former l'adolescence au travail, ni la nécessité plus grande encore de cette subordination domestique sur laquelle repose l'ordre et la paix des
familles; il a réglé l'autorité paternelle, l'obéissance filiale, les droits et les devoirs respectifs des pères et des
enfans.

Nous avons parlé de la morale pratique de la religion:
elle convient parfaitement à la famille, qui est une école
pratique de moralité, de travail et de subordination.

DE L'AUTORITÉ PATERNELLE.

C'est la nature qui impose aux pères et mères les devoirs de prendre soin de leurs enfans, jusqu'à ce que ceux-ci puissent se conduire eux-mêmes, et nous voyons que les animaux remplissent ce devoir avec l'exactitude la plus étonnante. Chez eux, il suffit de l'instinct du besoin pour prévenir la résistance au bienfait; chez l'homme, qui raisonne, il faut plus, il faut l'obligation d'obéir, pour suppléer une raison encore incapable de lui suffire. De là, la *nécessité de l'autorité paternelle.*

On peut dire de l'autorité paternelle, considérée dans son origine, ce que l'orateur romain disait de la défense de soi-même: « Ce n'est pas une loi qui nous vient des hommes; nous ne l'avons pas apprise, nous ne l'avons lue nulle part; c'est la nature qui l'a mise au-dedans de nous; c'est un rapport qu'elle a établi entre le père et le fils; c'est un sentiment né avec eux, et qui soumet invinciblement l'un à l'autre. »

Les besoins de l'enfant changent avec l'âge; l'autorité qui s'applique à ces besoins doit donc les suivre dans leurs variations, et s'étendre ou se resserrer comme eux.

En venant au monde, l'enfant est faible; assiégé par les maladies et menacé par tout ce qui l'environne, il a besoin d'une surveillance sans cesse active, d'une protection continuelle. Dans les premières années, le pouvoir paternel doit être fort étendu.

A mesure qu'il avance dans la vie, sa raison s'éclaire, mais c'est au moment où son esprit commence à exercer ses forces que ses passions se développent; rarement alors de nouvelles lumières le préservent des erreurs de l'imagination et de la séduction du plaisir. Pour achever de diriger sa conduite, son éducation, veiller sur ses intérêts, il faut qu'il reste soumis à l'autorité paternelle; elle doit être alors moins minutieuse, moins inflexible, mais elle doit être assez forte pour suppléer à l'expérience qui lui manque et contenir des passions orageuses.

Enfin, arrivé à l'âge où il peut marcher seul dans la route de la vie, à cet âge ordinairement il entre dans la grande famille, devient lui-même le chef d'une famille nouvelle, et va rendre à d'autres les soins qui lui ont été prodigués. Mais c'est au moment même où la nature et la loi relâchent pour lui les liens de la puissance paternelle, que la raison vient en resserrer les nœuds; c'est à ce moment que, jetant ses regards en arrière, il retrouve dans ses souvenirs, dans l'éducation dont il recueille les fruits, de nouveaux liens formés par la reconnaissance : c'est surtout dans les soins qu'exigent de lui ses propres enfans, dans les dangers qui assiègent leur berceau, dans les inquiétudes qui déchirent son cœur, dans cet amour ineffable, quelquefois aveugle, toujours sacré, toujours invincible, qui attache pour la vie le père à l'enfant qui vient de naître, que, retrouvant les soins, les inquiétudes, l'amour dont il a été l'objet, il puise de nouveaux motifs de ce respect sacré qui le saisit à la vue des auteurs de ses jours. En vain la loi civile l'affranchirait alors de *toute espèce d'autorité paternelle*, la nature, plus forte que la loi, le maintiendrait éternellement sous cette autorité. Désormais, libre possesseur de ses biens, libre dans la disposition qu'il peut en faire, libre dans toute sa conduite et dans les soins qu'il donne à ses propres enfans, il sent qu'il n'est plus libre de se soustraire à la bienfaisante autorité qui ne se fait plus maintenant sentir que par des conseils, des vœux, des bénédictions. (Voir *Exposé des motifs*, par RÉAL.)

Voilà des vérités que la nature a gravées dans tous les cœurs : la piété filiale et paternelle, vrai fondement de l'ordre dans les familles.

Heureux les peuples chez qui la reconnaissance est la première des vertus et la piété filiale une sorte de culte pour les ancêtres !

Nous venons de citer le beau passage du conseiller d'Etat RÉAL, sur le respect des enfans pour les parens et *la piété filiale*. Il fait dériver ces sentimens de l'expérience individuelle, qui peut, sans doute, les entretenir, les garantir, les rendre plus énergiques et plus constans, mais ils n'en sont pas la source.

Le fils doit respecter dans ses parens l'image vivante du pouvoir créateur. L'*insensé* qui porte atteinte à sa vie est en même temps, un fils dénaturé qui maudit son père et blasphème la Providence. Vices ou vertus, stupidité ou génie ne changent rien au titre sacré de père. Un père est toujours un père, dit la novelle 22 de Justinien, *quoiqu'il soit impie ou foule aux pieds les lois*.

L'enfant doit obéir à son père, même en disant *je veux*, parce que vouloir, c'est toujours obéir; celui qui *veut le mal obéit* à ses passions; celui qui *veut le bien obéit* aux lois de la nature. Mais ce mot de *nature*, pris dans un sens actif, nous l'avons dit, *nous cache Dieu*; le véritable nom de la *nature*, dans ce cas, est *la Providence*.

Il n'y a de vrai mérite à l'obéissance du fils, que lorsqu'il est parvenu à l'âge où sa conscience et sa raison peuvent le guider dans sa conduite, lorsqu'il est responsable de ses actes; et c'est à cette époque seulement que nous lui faisons un devoir de l'obéissance. Mais le jeune homme soumis à ses parens ; mais *Coriolan* remettant le glaive dans le fourreau pour obéir à *Véturie*, voilà un spectacle de piété filiale qu'on admire, spectacle rare parmi nous qui ne comprenons pas l'autorité paternelle. Les Romains l'avaient exagérée sans doute, en l'étendant au droit de vie ; mais ils pensaient que la société ne pouvait se maintenir que par une autorité légitime, grande et forte, et que la plus légitime de toutes était *l'autorité paternelle*, la première comme la plus voisine de nous, celle qui tient de plus près à notre nature, à nos habitudes, et que dès-lors l'Etat n'a de force que par elle. Nous verrons comment chez les Romains les idées de société civile et de famille s'unissaient, dans leur langue, et n'avaient qu'un sens ; comment s'affermissaient les institutions sociales appuyées sur l'esprit de famille et sur la nature.

L'enfant doit obéir à ses parens, dont tous les désirs, la passion dominante tendent à son plus grand bien, à sa *conservation*. Le père a créé l'enfant, il le conserve ; et par cela qu'il le conserve, il crée encore. *Descartes* l'a dit : « Dès que j'ai été un peu auparavant, il ne s'ensuit pas » que je doive maintenant être, si ce n'est qu'en ce mo- » ment quelqu'un me produise et me crée, pour ainsi dire » derechef, c'est-à-dire, *me conserve*. Toutes ces choses » sont la vraie source de l'autorité paternelle, de la piété » filiale. » Remarquez que la conservation des enfans tient aux soins, à l'expérience individuelle du père, qui devient encore une autre cause secondaire plus constante pour assurer le respect des enfans. Mais ce n'est pas un nouveau droit qui augmente, c'est un nouveau titre de leur respect. Mais la soumission filiale a des limites reconnues par les lois de la nature, qui ne peuvent laisser le père maître absolu des sentimens de ses enfans, de leur moralité, de leur vertu. Aussi, celui qui commande à son fils une action criminelle, se dépouille du titre sacré de père ; c'est un roi qui abdique, le sujet rentre alors dans son indépendance.

GUIDE DU LÉGISLATEUR DU CODE NAPOLÉON, DANS LES LOIS SUR L'AUTORITÉ PATERNELLE.

C'est dans la loi naturelle que le législateur a recherché le type de la loi civile. Il le devait, parce que la loi naturelle est l'expression de ces vérités éternelles, fondées sur la nature de l'homme, qui gouvernent et conservent le monde moral, comme la loi de la gravitation conserve et gouverne le monde physique ; il le devait encore parce que la loi civile, fondée sur une pareille base, inspire plus de respect, commande mieux l'obéissance et joint à sa sanction celle de la loi naturelle, qui n'est pas sans efficacité.

Mais si ces principes lui ont servi de guide, il n'a pas dû les appliquer sans discernement, il a dû consulter le passé et puiser dans les lois anciennes les règles qui lui paraissaient les plus propres à maintenir l'ordre et la paix dans la famille. Sans doute qu'il faut avoir recours aux leçons de l'expérience, mais les exemples ne peuvent justifier les lois injustes, et c'est moins dans l'histoire que dans la nature de l'homme et des circonstances qui l'influencent, qu'il faut chercher le moyen de le perfectionner.

Les faits ne doivent pas seuls fixer l'attention du législateur; en même temps qu'eux et au-dessus d'eux, il existe des principes de justice naturelle qui nous sont révélés par la conscience et la raison; l'expérience peut les confirmer, mais ne les crée pas; les véritables vertus ne cessent pas de l'être, parce qu'un peuple les néglige ou les outrage.

Les auteurs du Code Napoléon ont bien connu la nature et le but de l'autorité paternelle, ils en ont fixé l'étendue avec assez de sagesse, ils ont accordé au père de famille les pouvoirs compatibles avec nos mœurs et l'état de notre civilisation.

Leur institution s'est améliorée : déjà la loi du recrutement a retardé l'âge auquel les enfans peuvent s'enrôler sans le consentement de leurs parens; la loi de 1841, sur le travail des enfans dans nos manufactures, a prévenu l'abus que l'on faisait de leurs facultés physiques.

Si l'expérience dévoile d'autres dangers, on pourra les prévenir par une loi. Par ce moyen, l'on peut parvenir à donner à la puissance paternelle l'étendue, l'énergie et les garanties que réclament l'ordre public et les bonnes mœurs.

GARANTIES DE L'AUTORITÉ PATERNELLE.

C'est encore dans la nature que le législateur a cherché les bases des garanties du pouvoir paternel. La plus grande puissance des père et mère, dit *Bigot-Préameneu*, c'est de la nature et non des lois qu'ils la tiendront.

Les efforts des législateurs ne doivent donc tendre *qu'à seconder la nature* et à maintenir le respect qu'elle inspire aux enfans pour les auteurs de leurs jours.

C'est dans ce but que le législateur n'a pas cru devoir rétablir l'ancienne exhérédation, qui établissait une lutte entre l'intérêt pécuniaire du fils, la justice et l'honneur paternel ;

Qu'il n'a pas accordé aux enfans une action contre leurs

2

père et mère pour un établissement par mariage ou autrement;

Qu'il a cherché à éviter des débats d'intérêts entre le père et ses enfans;

C'est dans ce but surtout qu'il a donné aux père et mère la faculté de disposer d'une partie de leurs biens. Par là, le père peut récompenser et punir, il peut donner des consolations à ceux qui éprouvent des disgrâces de la nature ou des revers de la fortune.

L'intérêt, l'espérance et la crainte sont autant de moyens de faire respecter son pouvoir.

La dépendance de la mère à l'autorité de son mari rend les droits du père plus sûrs, plus sacrés; la femme donne l'exemple d'une soumission qui doit tendre encore à faire respecter son pouvoir.

La mère n'est cependant pas privée des droits que la nature lui donne sur ses enfans; on ne l'a pas placée dans cet état d'infériorité, d'humiliation dans lequel on la trouve chez différens peuples; elle conserve le respect que la maternité doit produire, son droit est égal à celui du père, mais l'exercice du pouvoir paternel est suspendu tant que le père peut l'exercer lui-même.

Enfin, le législateur a transformé en dispositions législatives cette belle maxime de morale, qui décore le frontispice du titre de la puissance paternelle: *A tout âge l'enfant doit honneur et respect à ses père et mère.*

La loi, en ordonnant aux enfans d'honorer leurs père et mère, leur défend tacitement de ne rien faire au préjudice du respect qui leur est dû. Ainsi, dans les questions d'intérêt qu'ils peuvent avoir avec eux, ils doivent, dans leurs moyens d'attaque ou de défense, se tenir dans les bornes que le respect leur prescrit; ils ne peuvent intenter contre leurs père et mère des actions qui tendraient à les déshonorer.

On voit par là que ce précepte du respect des père et mère est devenu chez nous un principe de législation qui peut servir d'appui aux juges dans bien des circonstances; c'était donc par une erreur bien dangereuse qu'on voulait reléguer la subordination des enfans majeurs dans le code de la morale.

La reconnaissance, à la vérité, est une vertu libre, dit *Sénèque;* mais nous avons excepté celle qu'on doit aux père et mère; leur bienfait importait trop à la République pour leur laisser, comme aux autres bienfaiteurs, le risque de l'ingratitude. La législation civile tend à seconder la nature pour maintenir le respect qu'elle inspire aux enfans; la législation criminelle la seconde encore par ses menaces, par ses peines, quand il devient nécessaire de recourir jusqu'à elle.

AVANTAGES DE L'AUTORITÉ PATERNELLE.

Les avantages de l'autorité paternelle sont très nombreux; elle facilite l'administration.

Le père de famille est un magistrat *responsable* qui, sans éclat, sans danger, assure l'ordre et l'exécution des lois.

C'est, dit Montesquieu, de toutes les puissances celle dont on abuse le moins, c'est la plus sacrée des magistratures, c'est la seule qui ne dépend pas des conventions, qui les a même précédées; les pères sont l'image du créateur de l'univers; quoiqu'il puisse conduire les hommes par son amour, il ne laisse pas de les attacher encore par la crainte et l'espérance.

DU MARIAGE.

Nous avons vu que la famille est la base éternelle de la société civile, et c'est le mariage qui forme les familles, source la plus féconde comme la plus pure de la population d'un État.

Socrate avait élevé le mariage à la plus haute et la plus morale expression, en le considérant comme l'union de deux âmes pour marcher au bien. Voici sa doctrine, exposée par Isomachus, marié nouvellement, et à laquelle Socrate a applaudi. Isomachus détermine d'abord ce que sa femme doit faire dans l'enceinte domestique, les soins des enfans, etc.; puis il ajoute ces paroles remarquables:

« Voilà ce que vous devez faire, ma femme, pendant
» que moi je travaillerai au-dehors. Mais il est une chose
» à laquelle nous devons travailler en commun et que les
» dieux ont posée entre nous comme un prix auquel nous
» devons prétendre tous deux, *à savoir commander à nos*
» *passions.* Celui qui sera meilleur que son compagnon,
» soit l'homme, soit la femme, emportera ce beau prix.
» Chacun de nous ne peut être bon en toute chose, mais
» l'un a souvent ce qui manque à l'autre; voilà pourquoi
» ils ne peuvent se passer l'un de l'autre et comment leur
» union est si utile. Ainsi, ma femme, sachant ces choses,
» essayons de faire le mieux que nous pourrons notre de-
» voir, chacun de notre côté, et mon plus grand plaisir
» serait que vous puissiez vous montrer meilleure que moi
» et me faire, par ce moyen, moindre que vous, et aucu-
» nement votre sujet. »

Profondes et évangéliques paroles, qui nous prêchent l'association dans la vue principale du *bien moral*, comme les utopistes la demandent pour l'unique acquisition des *biens matériels*; doctrine parfaitement pure, qui nous fait aimer dans les autres non-seulement ceux qui doivent nous rendre heureux, mais ceux qui doivent nous rendre bons. Commander à nos passions, dit Isomachus, mais aujourd'hui je dis : commander à la passion des richesses, à l'égoïsme qui nous dévore, qui nous porte à sacrifier constamment les intérêts d'autrui aux nôtres, à violer la justice, à mettre en oubli la charité, ce qui n'est pas seulement un vice mais un péril pour la société,

Portalis l'ancien précise les vrais caractères du mariage naturel, légal et religieux,

Ce n'est point un contrat purement civil, puisqu'il a son principe dans la nature, ni religieux, puisqu'il a précédé toutes les religions positives et qu'il date d'aussi loin que l'homme.

Qu'est-ce que le mariage, indépendamment de toutes les lois civiles et religieuses? C'est l'union de l'homme et de la femme qui s'unissent pour perpétuer leur espèce, pour s'aider, par des secours mutuels, à porter le poids de la vie, et partager leur commune destinée.

La religion n'a pas été donnée aux hommes pour changer l'ordre de la nature, dont les lois émanent de Dieu ; elle leur a été donnée pour les anoblir et les sanctifier, et c'est pour cela que les législateurs de tous les peuples ont fait intervenir la religion pour sanctifier le mariage, qui doit avoir une si grande influence pour le bonheur des époux et des enfans.

Dans son discours au Corps législatif, sur le mariage, Portalis répond d'avance aux sophistes qui seraient tentés d'ébranler cette base de la famille et de l'ordre social. Voici les paroles remarquables qu'il a prononcées :

« Il était impossible d'abandonner ce contrat à la licence
» des passions. Les animaux sont conduits par une sorte
» de fatalité; l'instinct les pousse, l'instinct les arrête;
» leurs désirs naissent de leurs besoins, et le terme de
» leurs besoins devient celui de leurs désirs. Il n'en est pas
» ainsi des hommes : chez eux, l'imagination parle quand
» la nature se tait. La raison et la vertu qui fondent et as-
» surent la dignité de l'homme, en lui laissant le droit de
» rester libre, et en lui ménageant le pouvoir de se com-
» mander à lui-même, n'opposeraient souvent que de bien
» faibles barrières à des désirs immodérés et à des pas-
» sions sans mesure. Ne craignons pas de le dire : si, dans
» des choses sur lesquelles nos sens peuvent exercer un
» empire tyrannique, l'usage de nos forces et de nos facul-
» tés n'eût été constamment réglé par des lois, il y a long-

» temps que le genre humain eût péri par les moyens mê-
» mes qui lui ont été donnés pour se conserver et pour se
» reproduire. »

Voici le sarcasme qu'adresse Proudhon à St-Simon et à
ses adeptes ;

« Passons vite sur les constitutions des saint-simoniens,
» fouriéristes et autres prostitués se faisant forts d'accor-
» der l'amour libre avec la pudeur, la délicatesse, la spiri-
» tualité la plus pure, triste illusion d'un socialisme ab-
» ject, dernier rêve de la crapule en délire, Donnez par
» l'inconstance l'essor à la passion ; aussitôt la chair ty-
» rannise l'esprit; les amants ne sont plus l'un à l'autre
» qu'instrument de plaisir; à la fusion des cœurs succède
» le prurit des sens, et..... Il n'est pas besoin, pour juger
» ces choses-là, d'avoir passé, comme Saint-Simon, dans
» les estaminets de la Vénus populaire. »

Cette vérité est enfin confirmée par une foule de faits
rapportés par l'histoire, je me contenterai de citer celui
que j'ai sous la main.

Il s'agit de ce qui s'est passé à Volsinie, ville riche de
l'ancienne Etrurie.

Cette ville éprouva, plus qu'aucune autre cité, l'influence que de mauvaises mœurs et des lois devenues sans
force doivent avoir sur la liberté des peuples et leur bonheur. Tant que les mœurs y demeurèrent pures, ses lois
conservèrent quelque puissance; elle resta forte, riche,
honorée, ayant le premier rang dans l'Etrurie : on ne peut
croire jusqu'où la précipitèrent ses vices et l'oubli de
toutes les vertus. Les mauvaises mœurs avaient tellement
affaibli ou diminué la population, qu'il était devenu comme
nécessaire d'affranchir beaucoup d'esclaves, qui, passés
dans la condition des hommes libres, en eurent tous les
droits. Volsinie tomba dans un tel abîme et d'oppression
et d'opprobre, qu'elle fut obligée de se soumettre au joug
qu'ils finirent par lui imposer. Un petit nombre d'abord
osa s'introduire dans le sénat. Bientôt ils envahirent la république entière. Valère Maxime dit encore qu'ils dictèrent
à leur gré les testamens, qu'ils défendirent les assemblées
entre les hommes libres, qu'ils épousèrent les filles de
leurs maîtres; enfin, ils déclarèrent par une loi solennelle,
qu'à l'avenir......................................

La plume s'arrête devant le récit qu'il faudrait faire de
toutes ces infamies.

Rome enfin, implorée, fit cesser et punit une aussi in-
concevable tyrannie.

QUEL OBJET S'EST PROPOSÉ LE LÉGISLATEUR DANS LES LOIS SUR LA FAMILLE?

Notre objet a été, disent les auteurs du projet du Code civil, de lier les mœurs aux lois et de propager l'esprit de famille, qui est si favorable, quoi qu'on en dise, à l'esprit de cité. Les sentimens s'affaiblissent en se généralisant. Il faut une prise naturelle pour former des liens de convention, et c'est par *la petite patrie*, qui est la famille, que l'on s'attache à la grande. Ce sont les bons pères, les bons maris, les bons fils qui font les bons citoyens.

C'est ce qu'avait dit Jean-Jacques Rousseau, dans son *Émile*, livre 5. Platon renverse les lois de la nature, pour leur immoler un sentiment artificiel qui ne peut exister que par eux. Comme s'il ne fallait pas une base naturelle pour former des liens de convention; comme si l'amour pour ses proches n'était pas le principe de celui que l'on doit à l'État; comme si ce n'était pas par la petite patrie, qui est la famille, que le cœur s'attache à la grande; comme si ce n'était pas le bon mari, le bon fils, le bon père qui font le bon citoyen.

RAPPORTS DE LA SOCIÉTÉ CIVILE AVEC LA FAMILLE,

ET NOTAMMENT DE L'AUTORITÉ ET DE LA MORALE SOCIALE AVEC L'AUTORITÉ ET LA MORALE DOMESTIQUE.

Sous ce titre, j'ai eu pour but de réunir quelques vues sur ces matières, afin d'en tirer de nouveaux aperçus, de saisir des rapports fugitifs ou qui paraissent éloignés, d'en former des analogies et de mieux connaître la nature de la famille qui doit servir de modèle à la société.

§ 1er.

Les intentions du législateur et les efforts du père de famille *ont un but commun*, celui de perfectionner les mœurs, qui sont un moyen d'ordre, de paix et de bonheur; mais le père y tend par un double motif, l'intérêt de son repos et le bonheur de ceux qu'il aime; on ne pouvait donc trouver un garant plus sûr de vigilance et de moralité que dans cette heureuse alliance de la tendresse et du pouvoir.

Le but du père est le bonheur de ses enfans, celui de la

loi, le bonheur public; elle est au-dessus de tous, elle veille pour tous, elle exerce au milieu des sociétés la justice et la paternité universelles.

Mais la loi ne peut avoir pour objet que l'ordre général des familles; elle ne peut statuer sur des faits individuels. Ses regards ne peuvent se fixer sur chacune d'elles, ni pénétrer dans leur intérieur, pour connaître les ressources, la conduite, les besoins de chacun de ses membres, et pour y régler ce qui convient le mieux à sa prospérité. Le père seul peut être chargé de ces soins, lui seul est capable d'une surveillance minutieuse, sans cesse active, et d'une bienfaisance toujours renaissante.

Dans la société civile, la loi ne peut ordonner ce que la morale défend; car, si elle le faisait, l'homme, livré à deux puissances contraires, ne connaîtrait plus le fil qui doit guider sa conduite, ses devoirs cesseraient de lui être tracés, et les limites qui séparent les vices des vertus deviendraient pour lui arbitraires.

§ 2.

Mais si la loi ne peut ordonner ce que la morale défend, peut-elle toujours le prohiber?

Il fut un temps où le législateur, dominé par cette louable pensée de réformer les mœurs, incriminait toutes les actions honteuses que réprouve la morale; mais on a reconnu depuis qu'il y avait des circonstances où le mal de la répression surpassait celui de l'action.

Le législateur s'est dès-lors borné à n'incriminer que les actes contraires à la décence qui se produisent en public, et les violences commises sur les personnes; ces actions se manifestant par des faits matériels que la justice peut saisir. Pour les actions telles que la sodomie, la bestialité, etc., on a pensé qu'accomplies dans l'ombre, ces actions ne troublaient pas ouvertement la société, *qui les ignore*, qu'elles ne causent de dommage qu'à leur auteur; on a craint, d'ailleurs, de dévoiler tant de turpitudes cachées, tant de honteux mystères, capables de porter atteinte aux mœurs publiques, on a jugé qu'il ne convenait pas d'ériger ces actions en délits.

Voilà dans quel sens la loi pénale sacrifie la morale à l'utilité sociale; mais le législateur fait toujours concourir les principes de la morale avec ceux de l'utilité, seulement quelquefois le principe de l'utilité générale paraît, pour restreindre ou modifier ce que l'autre principe aurait rigoureusement exigé.

C'est dans ce sens qu'il faut entendre ces deux adages:

l'objet direct de la loi *est plutôt la paix que la vertu; — ce qui est licite n'est pas toujours honnête.*

Dans la famille, au contraire, on s'occupe uniquement de la conservation des enfans, du développement de leurs facultés physiques et intellectuelles, de leur moralité, de leur vertu. Là est le sanctuaire des mœurs, où repose la pudeur comme dans son naturel asile. Jamais le père de famille ne fait fléchir les intérêts de la morale à tout autre intérêt.

C'est dans la famille que l'on trouve *l'autorité tempérée par l'amour,* que l'on se plie de soi-même à cette autorité bienveillante, que l'on cède au double ascendant du devoir et de l'affection, c'est dans ce noble sanctuaire que se conservent les traditions d'honneur et de probité.

Dans la société civile, la loi se renferme dans le domaine des intérêts saisissables, ce qui se rattache aux salutaires principes de la morale échappe à la justice. La famille, au contraire, fait de cet objet la base de sa foi traditionnelle, de son code inspiré par la conscience et l'honneur; elle punit avec rigueur des actions que le juge se verrait forcé de proclamer innocentes.

Le père de famille punit l'irrévérence, la paresse, le mensonge, tout ce qui flétrit et corrompt, et que les lois ne punissent pas. Il récompense la sagesse, la loyauté, la reconnaissance, la bienfaisance, tout ce qui honore, élève, et que les lois ne récompensent pas.

Quelle garantie d'ordre pour un Etat qui peut disposer d'un tel auxiliaire; comment trouver un équivalent de cette tendre et majestueuse autorité qui met la religion des devoirs et l'immatérialité des peines bien au-dessus de toute législation écrite, de toutes les peines établies par les lois !

Aussi, est-ce une preuve d'une grande sagesse chez un législateur, lorsqu'il accorde au père une grande autorité sur ses enfans. Rien ne répand plus de tranquillité dans un Etat où les mœurs font toujours de meilleurs citoyens que les lois.

Sénèque, s'entretenant un jour avec Néron, lui dit : Tu me demandais dernièrement pourquoi, depuis la mort d'Auguste, on avait commis *plus de parricides, plus de rébellions, plus de désobéissances aux lois, plus de crimes qu'on n'en avait vu depuis la fondation de Rome.* Je te le dis alors et je te le répète encore, que cela ne venait d'ailleurs que du mépris de la puissance paternelle, qui avait été affaiblie; car, quel respect et quelle soumission peuvent rendre aux lois, aux magistrats, au prince, ceux qui, dès leur adolescence, ce sont habitués à mépriser impunément les ordres de leur père?

Mais, dira-t-on, si la famille, si la puissance paternelle peut opérer tant de miracles, comment se fait-il qu'il se commette tant de crimes?

Je répondrai d'abord ce que Sénèque répondait à Néron, et ensuite, que, sans doute, l'esprit de famille ne peut prévenir tous les crimes; mais si l'on voit ceux qu'il n'empêche pas, voit-on ceux qu'il prévient et qu'il arrête? Et, sans parler de la responsabilité légale des parens, voir ceux que l'on aime enveloppés en quelque sorte dans une accusation qui vous poursuit, les voir frappés de votre arrêt, courbés sous le poids de votre honte, n'est-ce pas le plus puissant des freins contre le délire des passions?

Aussi, nos législateurs n'ont-ils pas négligé cette garantie d'ordre pour la société. Bigot Préameneu a dit : « On » doit tâcher de maintenir et multiplier les liens de fa- » mille; ce fut et ce sera toujours le ressort le plus utile » dans toutes les formes de gouvernement, et la plus sûre » garantie du bonheur public.

» On doit entretenir, même entre parens d'un degré » éloigné, les sentimens de bienveillance et cette *responsa-* » *bilité morale* qui supplée si efficacement à la surveillance » des lois.

» C'est dans les pays de droit écrit que l'on trouve ces » races patriarchales dans lesquelles ceux à qui la Provi- » dence a donné de la fortune, n'en jouissent que pour le » bonheur de ceux qui se rendent dignes, par leurs senti- » mens, d'être admis au sein de la famille; c'est dans » la maison de ces bienfaiteurs que le parent infortuné » trouve des consolations et des secours, que d'autres y » trouvent des encouragemens.

» Puisque la France est assez heureuse pour avoir con- » servé, dans une grande partie de son territoire, *cet esprit* » *de famille nécessaire à sa prospérité, gardons-nous de re-* » *jeter un moyen de régénération des mœurs, c'est un feu qu'il* » *faut entretenir où il existe et qu'il faut allumer dans tous les* » *pays qui ont un si grand besoin de son influence et qu'il peut* » *seul vivifier* »

Le père, chargé du soin d'établir ses enfans, dit Montes- quieu, désire leur conserver le corps le plus parfait et l'âme la moins corrompue, tout ce qui peut le mieux inspi- rer de désirs et tout ce qui est le plus propre à donner de la tendresse.

Le père, toujours occupé à conserver les mœurs de ses enfans, éprouve de l'éloignement pour tout ce qui peut les corrompre. Aussi, a-t-on remarqué qu'en général un père, quoique vicieux, désire que ses enfans ne lui ressemblent pas. L'amour paternel est plus fort que toutes les passions, même que l'ambition dans le cœur du méchant.

Mais si le père de famille tend à entretenir la moralité de ses enfans, il doit leur donner *l'habitude du travail*, qui écarte l'oisiveté; chargé du soin de les nourrir et de les élever, il doit les occuper utilement à des travaux modérés, *c'est son droit*. L'enfant élevé par son père lui doit, en retour de ses soins, de ses sacrifices, le concours de ses efforts, *c'est son devoir*.

Le travail est l'âme de la vie. L'homme est né pour le travail. Il ne *fait sien* qu'à ce prix les fruits de la terre.

Le bon Lafontaine a dit: *Le travail est un trésor*; il sert, en effet, à se procurer les choses nécessaires à notre existence et aux commodités de la vie; il procure l'activité qui affermit notre domination sur nos sens, nous enseigne le respect de la propriété et les prévoyances infinies de la Providence. « Nous ne regardons pas comme une honte *la » pauvreté*, disait Périclès, mais nous regardons comme » *une infamie* de ne pas travailler pour en sortir. »

La propriété est nécessaire à la famille et la famille à la propriété, pour se justifier du reproche que le sol de soi perpétuel semble ne pouvoir être matière d'appropriation par l'homme qui passe, mais bien par les familles qui vivent toujours.

La *religion* est le plus grand des moyens de ranimer et entretenir la moralité dans la famille. La religion seconde la morale, en ajoutant une sanction à ses préceptes. C'est la religion qui épure nos affections, par la vertu qu'elle excite et recommande; elle prescrit aux enfans le respect pour leurs parens, et attribue à l'exécution de ce devoir le bonheur de la vie et la longueur des jours, devoir si légitime qui doit rendre le dévoûment plus sûr et l'obéissance plus facile.

La religion ne cesse de répéter aux hommes que, si leurs passions, leurs fautes, leurs crimes échappent à la sévérité des lois, ils n'échapperont pas à la providence divine. Les pratiques multipliées de la religion occupent l'homme, il se croit plus vertueux et, par conséquent, plus près du bonheur, lorsqu'il remplit ces pratiques; elles lui rappellent sans cesse les sentimens qu'il est nécessaire d'imprimer dans son cœur.

La religion soulage la victime, en lui donnant l'espérance d'une réparation dans une autre vie. Socrate, ranimé par cette espérance, l'œil fixé sur le breuvage de mort, dit à ses amis en pleurs: Consolez-vous, *il existe là-haut un Dieu qui punit et qui récompense*.

Nous confirmerons tout ce que nous avons dit sur l'*esprit de famille* par un beau passage de M. Kératry, que nous extrairons d'une dissertation insérée dans le *Musée des familles* de 1847-1848.

» Le patriotisme commence au foyer domestique; c'est là son berceau, c'est là où il grandit; plus il s'en éloigne, plus il perd de sa force. Le cosmopolite adopte le genre humain pour sa famille; c'est n'en avoir pas. Une femme, des enfans, un père, une mère, des amis, des serviteurs honnêtes, des voisins, voilà ce qui constitue l'attachement au pays, et c'est à cause de tout cela que le pays est bien servi. Éloigné du sien pour la guerre des confédérés grecs, retenu pendant dix ans sous les murs de Pergame, errant pendant dix autres années sur des mers orageuses, en butte à des ennemis présens ou cachés, accueilli par deux nymphes d'une jeunesse immortelle qui le sauvent d'un double naufrage, mais dont les charmes ne peuvent le retenir, admis à l'hospitalité du roi des Phéaciens, Ulysse porte partout avec lui l'esprit de famille. Son épouse, son fils, son vieux père, le pasteur de ses troupeaux, sa nourrice Euryclée, ses valets de ferme, et jusqu'à son chien auquel il ne reste plus que la force de venir expirer à ses pieds, tout cela, après avoir été l'objet constant de ses regrets, l'émeut, l'attendrit et l'enlève au sentiment de ses peines. Aussi, quelle variété de coloris, quel charme de détails dans les diverses rencontres du fils de Laërte avec ces êtres chéris! Pages touchantes, où le talent du sublime aveugle brille avec un éclat et une vérité de nature qui ne seront jamais égalés, je vous salue! Celui qui vous a tracées, certes, est le plus grand peintre de reconnaissances qui ait manié une plume ou un pinceau! En effet, ce n'est plus un roi, ce n'est plus un guerrier qu'Homère se contente d'offrir à nos regards : c'est l'homme même avec toutes les affections de son cœur, avec toutes ses sympathies, qu'il appelle en notre présence. Car, à cet homme, après de longues vicissitudes, il faut, non de la gloire, non des richesses, mais la simple vue de la fumée qui, s'élevant, entre les arbres, du foyer de son palais rustique, ondule dans les airs; il lui faut l'âpre rocher de sa pauvre Ithaque!

» Là où il règne, cet esprit verse un charme sur nos moindres relations. Il nous attache aux êtres animés ou inanimés; il nous rend précieux l'héritage paternel, le meuble antique, le fauteuil des ancêtres, l'autel devant lequel fléchissaient leurs genoux, et la terre où leurs restes reposent. Il resserre les nœuds de la parenté et de l'amitié par des échanges de services; et, donnant une garantie de plus à la bonne conduite de tous, il établit une solidarité de blâme et d'approbation, non moins profitable aux mœurs privées qu'à la durée de l'ordre social.

» Animé de cet esprit, on se respecte soi-même. Tel ne sera circonspect dans ses actes, que parce qu'il craindrait qu'en devenant un objet d'animadversion, il n'exposât au mépris la famille à laquelle il appartient. La communauté de noms est aussi une grande force morale : tout faible que l'on juge ce roseau sous la main qui s'y appuie, il a prévenu bien des chutes. Conseillère à la fois, d'honneur et de bienfaisance, cette communauté est un avantage des sociétés modernes sur les anciennes. Il n'est pas d'homme de cœur qui, au moment d'un succès mérité, n'ait en perspective la joie qu'il apportera sous le toit de ses pères. En preuve, nous ne citerons pas le lauréat de collège sorti vainqueur d'un concours général, ni le jeune artiste remportant le prix qui mène à Rome ; un témoignage plus relevé s'offre à notre plume : c'est *Epaminondas*, déclarant que le bonheur le plus vif qu'il ait ressenti dans sa vie, était la pensée du plaisir que sa mère goûterait en apprenant la nouvelle de sa première victoire. »

L'esprit de famille forme une espèce de solidarité d'honneur et de sentiment. Il est indestructible de sa nature, comme les besoins moraux de l'homme, les inclinations, les affections qui y sont relatives ; ces sentimens sont la vérité palpable qui ne saurait pactiser avec l'erreur. De quoi l'homme serait-il certain, s'il ne l'était de ce qu'il veut, de ce qu'il sent ? L'esprit de famille peut défier le *moi* de Kant, de Fitche, de Scheling et toute la philosophie nuageuse allemande. Nous comprenons maintenant cette devise de notre ancienne noblesse : *Tout est perdu fors l'honneur ;* et celle de la nouvelle noblesse : *Honneur et patrie.*

En parlant de l'autorité paternelle, nous avons dit :

Nous verrons comment, chez les Romains, les idées de société et de famille s'unissaient dans leur langue et n'avaient qu'un sens ; comment s'affermissaient les institutions sociales appuyées sur l'esprit de famille et sur la nature.

Voici la preuve de ce que nous avons énoncé.

A Rome tout était sentimens, tout était affections, tout était famille ; les sentimens étaient réveillés par les mots, car souvent les hommes sont plus gouvernés par les mots que par les choses. *Patria,* patrie exprimait une seule famille ; les sénateurs se nommaient *Pères conscrits ;* leur Dieu reçut le nom de père : Jupiter, ou plutôt *Jou Pater,* Dieu secourable, etc.

Les Romains avaient fait de l'état de famille la base première de leur état de nation. Personne n'ignore que c'est toujours à ce point qu'il faut remonter lorsqu'on veut se rendre compte du phénomène de leur accroissement et de tous les prodiges de leur puissance. Là venaient se rattacher toutes les branches de leurs droits religieux, politiques et civils. C'est chez un tel peuple que l'image seule de la famille devait être accueillie avec transport, et devait y prendre tous les traits qui peuvent le plus la rapprocher de son modèle. Voyez aussi tout ce qu'on imagine pour donner à l'adoption le caractère de la réalité.

L'adoption transmettait les avantages de la famille, les dieux *Pénates*, les images des ancêtres, la participation aux sacrifices domestiques. (Voyez PERREAU. Discours sur l'adoption.)

Voyez cette autre famille fictive, destinée à servir de lien entre les diverses classes de la société : cette belle institution du patronage et de la clientèle.

Aussi, Cicéron disait-il : *Les lois de la nature, l'esprit de famille sont les principes conservateurs de la République.*

Les Romains croyaient que les âmes des ancêtres étaient assises au bord du foyer domestique, et c'était là que, dans les soirées d'hiver, le père, déjà blanchi par l'âge, instruisait, en leur présence, les jeunes familles. Les *Lares* étaient les protecteurs de la famille, on ne les perdait pas de vue ; cette pensée même était un principe de moralité, elle tenait à la croyance de l'âme immortelle.

Toutes ces institutions s'affaiblirent dès que les sophistes eurent prêché l'athéisme à Rome.

Tu as parlé comme un mauvais citoyen, disait Caton à César qui venait de jeter en plein sénat des doutes sur l'immortalité de l'âme. Ce sage prévoyait alors que ces principes devaient accélérer la décadence des mœurs et la chute de l'État.

La honteuse vieillesse du 18e siècle fut fertile en sophistes prédicateurs du néant ; nous avons vu deux fois l'influence de ces pernicieuses doctrines sur les malheurs de notre patrie ; nous n'en avons pas été étonnés, mais ce qui nous a étonné, c'est que la prédication de ces systèmes subversifs de l'ordre social par la triple voie des livres, des journaux et des spectacles ait été si longtemps l'objet d'une tolérance si scandaleuse des agens de l'ancien gouvernement.

Cette double expérience nous prouve qu'en perdant la trace des idées morales et religieuses, on perd la trace du vrai, du bien, de l'ordre ; que l'athéisme est l'anarchie, la barbarie, tous les genres de corruption et de malheur.

Le père de famille doit donc inculquer, dès le premier âge, les notions de la divinité à son enfant, afin qu'elle s'incorpore à son existence.

En agissant ainsi, vous faites plus pour lui que si vous lui assuriez tous les dons de la fortune et de la beauté. Oh ! comme il vous bénira lorsqu'un jour le vent de l'adversité viendra à souffler, lorsque son cœur saignera de quelques blessures qu'aucun art ne peut ni sonder ni guérir. En rentrant en lui-même, il y trouvera établie la vérité des vérités, refuge de l'infortune, ancre de salut des individus, des familles et de la société.

FIN DE LA Iʳᵉ PARTIE.

DEUXIÈME PARTIE.

DE LA SOCIÉTÉ.

Une force secrète pousse l'homme à se réunir à ses semblables, et l'idée que l'homme de la nature vit solitaire n'est qu'une erreur partout contredite par les faits.

La société est l'état naturel de l'homme, c'est-à-dire, l'état le plus conforme à sa nature, le plus propre à son développement, à l'exercice, à la perfection de ses facultés, c'est de sa raison l'usage le plus sage.

Quelques philosophes ont prétendu que l'ordre social ne vient pas de la nature, et lui ont attribué la plupart des maux dont l'humanité gémit; ce système est le fruit de quelque imagination en délire.

La nature nous a formés pour la société; elle a mis dans nos cœurs *la bienfaisance* et *la pitié*, qui seraient des sentimens inutiles pour l'homme solitaire; elle nous a donné l'intelligence qui ne peut se développer que par la communication de la pensée; elle a gravé dans notre âme cette loi fondamentale de toute société : *Fais à ton semblable ce que tu voudrais qu'il fît envers toi;* elle a placé le remords à côté de cette loi de la fraternité humaine, pour venger son infraction et nous rappeler à nos devoirs.

Les sentimens universels que la nature inspire à tous les hommes et la raison nous font connaître nos devoirs; ils sont inscrits, ainsi que nos droits dont ils dérivent, dans les lois de la nature, préexistantes à toute législation et leur base nécessaire : c'est dans ce code, vraiment divin, que l'on trouve les élémens primitifs et essentiels de la société civile.

La société n'est qu'une agrégation de familles : elle ne peut avoir d'autre base; la placer hors de la famille, serait la placer hors de la nature et rendre plus difficile l'empire de toutes les vertus. L'autorité paternelle n'intéresse donc pas seulement la famille, mais l'ordre public et les bonnes mœurs; et c'est par ce motif qu'il est défendu, chez tous les peuples policés, d'y porter atteinte par des conventions particulières.

C'est dans ce monde que notre destinée commence et se développe, Dieu sait dans quel dessein. Nous devons à la société, quelle que soit sa forme, notre concours pour le bien. Ces formes varient suivant les lieux et les temps; mais elles n'ont qu'une importance relative. Nous ne nous occuperons donc pas de ces disputes si envenimées et presque toujours si vaines, où l'on se débat sur la forme des gouvernemens; nous ne nous attacherons pas à l'enveloppe extérieure de l'organisation sociale, aux choses variables et accidentelles des sociétés; nous essayerons de pénétrer, jusque dans le fond intérieur, les causes constantes de l'ordre que nous avons énumérées; c'est-à-dire, *la famille, la propriété, la religion, la justice, la charité et la perfection des mœurs*, inséparable de la dignité de l'homme et de son honneur.

Nous ferons sur ce qui précède les réflexions suivantes :

Les causes constantes de l'ordre des sociétés, dont nous venons de parler, dérivent de la nature des choses et de leur destination; elles sont des institutions de la Providence. Les formes de l'organisation sociale, les peines et les récompenses, l'instruction publique, les publicités, etc. sont des causes secondaires de l'ordre, des institutions humaines et se ressentent de la faiblesse de leurs instituteurs.

Ainsi, les législateurs des nations doivent-ils, dans leurs lois, leurs institutions, respecter les causes immuables de l'ordre, les prendre pour guide, ne pas les perdre de vue et mettre leurs institutions et leurs lois en harmonie avec elles.

Les législateurs des nations peuvent-ils être mieux enseignés, je vous le demande, si nous les engageons à faire tous leurs efforts pour consolider leurs lois et leurs institutions en les mettant en harmonie avec celles émanées de la Providence.

La *pureté des mœurs* est une cause constante de l'ordre des sociétés. Car si Dieu a créé l'homme libre, il ne l'a fait ainsi que pour lui ménager le mérite de ses actions. Aussi voyons-nous que la religion lui recommande la sagesse et lui donne les instructions pour la pratiquer; moyen qui est aussi le but de la société qui, avec les peines et les récompenses, l'éducation, tendent à conserver les bonnes mœurs. Les mœurs sont d'une si grande importance dans un État, que nous voyons, par le fait, qu'elles rendent la justice *plus usuelle* et la charité *plus abondante*.

Si donc on établit une société sur les bases de la famille, de la propriété, de la religion, de la justice et de la charité, n'est-ce pas les fondemens les plus solides qu'une société puisse avoir ? Là est toujours le besoin, l'intérêt de la conserver, de la surveiller, de la défendre et de l'assujétir à cet ordre paisible et constant, vrai moyen qu'une constitution sage puisse employer pour sa conservation et sans lequel l'ébranlement est prochain et la chute assurée.

Mais, pour conserver cet ordre constant des sociétés, il serait bien utile que la constitution ne fût pas une cause d'affaiblissement et de ruine de ces causes de l'ordre, une espèce de polythéisme civil. Entre plusieurs dieux qui se contredisent et qui commandent à la fois, une divinité suprême peut seule mettre la paix et ramener la justice et la concorde ; trop élevée pour ne pas toujours désirer le succès sans jamais connaître l'envie.

Il faut convenir cependant que ceux qui méditent sur les causes de l'ordre des sociétés humaines savent bien qu'elles ne sont pas toujours susceptibles de cette perfection que voudrait leur donner une imagination séduite par de brillantes théories, où l'on ne calcule ni les temps, ni les lieux, ni les progrès des lumières ou de la civilisation, ni le génie, ni le caractère des peuples, ni l'état des peuples voisins. Mais, si le législateur est quelquefois obligé de laisser subsister des usages antiques, si, par exemple, il a conservé l'esclavage, tout en se vantant de sa liberté, il doit tâcher, avant d'affranchir les esclaves, de ramener cette institution des vieux temps vers la justice et l'humanité.

Les publicités sont une institution secondaire de l'ordre qui émane des hommes, dans le but de garantir la bonne foi, la justice, l'ordre public et les bonnes mœurs ; elles ne doivent donc jamais s'étendre au-delà de ce qu'exigent ces garanties, elles ne doivent pas aller contre ce *but*, elles ne sont qu'un *moyen* ; ainsi elles ne doivent jamais faire ombrage à l'ordre public, aux bonnes mœurs.

A ces conditions, on peut penser qu'il n'est pas de gouvernement qui ne puisse faire le bonheur des hommes ; mais aussi je suis certain que celui sous lequel nous vivons est éminemment propre à cet objet. Si je pouvais convaincre mes concitoyens comme je suis convaincu moi-même de cette vérité, j'éprouverais une grande satisfaction. Si je pouvais leur donner de nouveaux sujets, de nouvelles raisons de chérir notre belle et noble patrie et le prince qui l'a retirée du gouffre de l'anarchie et maintenu l'ordre, tous mes vœux pour le bonheur de ma patrie seraient accomplis.

Les matérialistes de notre temps se sont élevés sur les débris d'une métaphysique usée, et ils ont cherché à reformer leur système sur les riches matériaux des sciences

3

exactes et physiques et des grandes découvertes faites de
nos jours. Nous suivrons une marche contraire. Eclairé
par nos études chéries des sciences exactes, nous tâcherons toujours de les faire servir au triomphe des *vérités
morales*, de celles servant de bases à l'ordre des sociétés
humaines sans lesquelles le savoir n'est, en effet, qu'un
vain nom. C'est la tâche du siècle où nous sommes, espérons qu'il n'y faillira pas.

BUT DE LA SOCIÉTÉ.

Toute société se forme dans la vue d'un bien, ce bien
doit donc se trouver éminemment dans la société qui les
comprend toutes.

Dans la société, comme dans la famille, il y a deux
choses à considérer : le but et les moyens pour l'atteindre.
Son but est semblable à celui de la famille, le plus grand
bien des individus qui la composent.

Le premier bien de l'homme, celui sans lequel il ne peut
espérer d'approcher du bonheur, *est la conservation de sa
personne et de ses propriétés. C'est à la propriété que la société
doit son origine*, parce que l'homme a jugé qu'il ne pouvait
seul conserver un bien qui serait continuellement exposé
aux attaques et à la violation des autres. *Le soin de la conservation de sa personne* est aussi une cause de la société.

La nécessité d'être conservé et de conserver sa propriété a fait
connaître à l'homme qu'il ne pouvait atteindre ce but s'il
ne respectait la personne et la propriété d'autrui, et qu'il
ne pouvait exiger la protection de la société qu'autant qu'il
contribuerait à repousser les attaques qui seraient faites
aux autres dans leur personne et leur propriété. C'est dans
cette réciprocité de droits et de devoirs, cet échange de secours que se trouvent les caractères de la justice.

La société entre les hommes ne doit être, en effet, qu'un
échange continuel de bons offices entre eux, soit par des
pactes honnêtes, soit par l'effet de la bienveillance, de la
bienfaisance, afin de les rappeler sans cesse à cette première loi de la nature qui leur prescrit de s'aimer et de se
secourir, qui leur défend de se haïr et de se nuire ; loi précieuse et conservatrice qui rapproche, par les besoins,
l'homme de ses semblables, qui concilie ses droits et ses
devoirs.

Nous venons de voir que la fin de la société était semblable à celle de la famille, le plus grand bien des individus
qui la composent ; pour atteindre ce but, la société protège
et garantit à l'homme la conservation de sa personne et de
ses propriétés ; c'est ce que l'on nomme *droits de sûreté.*

Cette garantie est assurée par le concours de tous, de la force publique, de la loi.

En possession de ce droit, l'homme peut travailler, en toute sécurité, à la satisfaction de ses besoins physiques et moraux, à la perfection de ses facultés.

La société fait plus encore : par ses lois, par ses institutions, elle facilite le libre essor des facultés humaines, le développement de son intelligence, de sa moralité, afin de le rendre meilleur et plus heureux ; elle veille sur son bien-être ; aussi voyons-nous qu'elle favorise l'agriculture, qui procure l'abondance des fruits ; l'industrie et le commerce, qui seconde le travail, qui prévient l'oisiveté et l'ind'gence.

Enfin, la société se fait un devoir de soulager la m ère, inséparable de toute grande société, devoir inspiré par l'humanité et d'autant plus méritoire qu'il est volontaire. En un mot, la société, par ses moyens généraux, exerce, envers tous les hommes qui la composent, *la justice et la paternité universelle*; c'est ainsi qu'elle répond à la véritable destination de l'homme et qu'elle prête son concours à l'accomplissement de ce but.

Justice et sympathie, voilà la morale individuelle, domestique et sociale, dans les deux élémens qui la constituent. Respecter les droits d'autrui et faire du bien aux hommes par la bienveillance, la bienfaisance, nées de la sympathie que la religion recommande sous le nom de charité; tels sont les vrais guides de la société dans ses institutions et dans ses lois, et c'est ainsi qu'elle se rapproche de son modèle, la nature et la société domestique, qui tendent également à l'ordre et à la conservation des individus nécessaires à la perpétuité de l'espèce humaine.

Hors de la société, les droits naturels de l'homme sont sans cesse en péril; les sentimens innés de justice, la conscience et la raison sont insuffisans pour les protéger contre la violence de l'intérêt personnel et ses ruses, contre les passions. L'homme y est presque toujours *forçant ou forcé, il est indépendant sans être libre*, il peut abuser de sa force que d'autres peuvent surmonter; mais dans la société, la force publique, la loi protègent tous les droits de l'homme contre les autres et souvent contre lui-même, et cette protection ne porte aucune atteinte à sa liberté, elle lui conserve, au contraire, *son caractère primitif, celui de pouvoir faire tout ce qui ne nuit pas à autrui*. Vivre en société n'est donc pas sortir des vues de la nature, *c'est y rentrer*.

La sûreté des personnes et des propriétés est donc le principe et la fin des sociétés humaines.

La sûreté des personnes comprend : la jouissance de sa vie, de son corps, de ses membres, de sa santé, de ses facultés, de sa liberté, de son honneur ; toutes choses que l'homme tient de la nature et qu'il a droit de conserver et de jouir.

Après les droits de sûreté individuelle, rien de plus sacré et de plus inviolable que sa propriété. Les droits mêmes de sa personne semblent se confondre avec ce droit; car l'homme a une sorte de propriété de *soi*, et c'est cette propriété primitive et originelle qui est la racine et le modèle de toutes les autres propriétés. Nous en parlerons bientôt.

Il résulte de ce que nous venons d'exposer, que la société n'est qu'un moyen donné à l'homme de perfectionner ses facultés morales et physiques, afin de le rendre meilleur et plus heureux; elle doit donc respecter sa nature, sa dignité et tous ses droits; ceux qu'il apporte dans la société et dont elle lui garantit l'usage (les droits innés), comme ceux qu'elle lui concède (les droits acquis), et dont elle règle, resserre ou étend l'usage suivant que l'intérêt public le commande.

Nous ne chercherons pas ici à combattre le système des utopistes, qui font de l'homme un simple *moyen* de la société; nous ne dirons donc pas, avec le sens commun, que l'état social a sa fin dans la société elle-même, mais dans le bonheur des individus qui la composent; nulle chose ne pouvant avoir sa fin en elle-même, comme le prouve KAPILA dans le *Sankhia*, ouvrage écrit il y a plus de trois mille ans, où il dit, par exemple, qu'un lit n'a pas sa fin en lui-même, mais dans celle de l'homme qui doit y coucher.

Nous n'interromprons pas la chaîne des vérités que nous avons à exposer, pour nous arrêter à combattre une fiction à cheval sur une fiction, on nous prendrait pour don Quichotte, qui combattait des moulins à vent, croyant combattre des hommes.

Ce qui manque aux utopistes, pour saisir la vérité, c'est de l'aimer et de connaître la vraie grandeur de l'homme et par suite la vraie grandeur de Dieu, et dès qu'ils méconnaissent ces choses, est-il étonnant qu'ils méconnaissent les rapports qui doivent maintenir l'harmonie entre les hommes destinés à vivre en société?

Après avoir donné le but de la société, d'où découlent ses devoirs envers les hommes qui la composent, nous allons donner un simple aperçu des devoirs des hommes en société, espèce de Mappemonde de la grande carte dont le développement fera l'objet de ce qui va suivre. Ce morceau est emprunté à Zaleucus avec les suppressions et augmentations appropriées à l'état de nos mœurs et de nos principes. (1)

_____

(1) Zaleucus vivait 700 ans avant J.-C.

DEVOIRS DE L'HOMME

ENVERS DIEU, ENVERS LA PATRIE, LA FAMILLE ET SES PARENS.

Tous les hommes doivent être persuadés de l'existence de Dieu ; l'ordre et la beauté de l'Univers les convaincront aisément qu'il n'est pas l'effet du hasard ni l'ouvrage de la main des hommes ; il faut adorer Dieu parce qu'il est l'auteur des vrais biens.

Il faut préparer et purifier son âme, car la Divinité n'est point honorée par l'hommage du méchant, on ne peut lui plaire que par de bonnes œuvres, que par une vertu constante dans ses principes et dans ses effets, que par une ferme résolution de préférer la justice et la pauvreté à l'injustice et à l'ignominie.

Si, parmi les hommes qui composent la société, il s'en trouve qui ne goûtent pas ces vérités et qu'ils soient naturellement portés au mal, qu'ils sachent que rien ne pourra soustraire le coupable à la juste peine qui l'attend dans la vie future ; qu'ils aient toujours devant leurs yeux le moment qui doit terminer leur vie, ce moment où l'on se rappelle, avec tant de regret et de remords, le mal qu'on a fait et le bien qu'on a négligé de faire.

Ainsi, que chaque citoyen ait, dans toutes ses actions, la mort présente à son esprit. Toutes les fois qu'un génie malfaisant l'entraînera vers le crime, qu'il se réfugie aux pieds des autels, dans tous les lieux sacrés, pour demander l'assistance divine ; qu'il se *sauve* auprès des gens de bien, qui soutiendront sa faiblesse par le tableau des récompenses destinées à la vertu et les malheurs attachés au crime.

Respectez vos parens, vos lois, vos magistrats ; chérissez votre patrie, n'en désirez pas d'autre.

Que les magistrats, dans leurs jugemens, ne se souviennent ni de leurs liaisons, ni de leurs haines particulières, comme les citoyens dans leurs dépositions ; car, si ceux-ci doivent la vérité aux magistrats, les magistrats doivent aux citoyens la justice.

Des esclaves doivent être soumis par la crainte ; des hommes libres ne doivent obéir qu'à la vérité et à la justice ; l'innocence des citoyens n'est pas assurée si la liberté ne l'est pas non plus.

Sacrifiez vos jours pour la patrie, s'il le faut, et songez qu'il vaut mieux mourir avec honneur que de vivre dans l'opprobre.

Les mauvais traitemens envers les parens, le mépris des lois, des magistrats sont au premier rang des crimes.

Que les époux se souviennent qu'ils se doivent fidélité, secours dans le danger, assistance dans le besoin et dans toutes les circonstances, s'aider mutuellement à supporter le poids de la vie et partager leur commune destinée.

Vous ne devez pas honorer les morts par une douleur immodérée, mais par le souvenir de leurs vertus et le respect de leurs tombeaux.

Détestez l'infamie et le mensonge, aimez la vertu, fréquentez ceux qui la cultivent, et parvenez à la plus haute perfection en devenant véritablement honnête homme.

Volez au secours du citoyen, soulagez la misère du pauvre, pourvu qu'elle ne soit pas le fruit de l'oisiveté.

MODÈLE DE LA SOCIÉTÉ.

Je le sais, dans la société il y a peu d'objets simples et isolés et beaucoup de groupes qui ne se prêtent qu'à peu de divisions. La science applique cependant ses méthodes d'analyse et veut arriver à la connaissance de ses élémens : ce qui est de l'homme et ce qui est de la nature, ou plutôt de son auteur, ce qui est accidentel, ce qui est immuable, et dès-lors susceptible de s'étendre à toutes ses conséquences ; ce qui est immuable comme la justice est le bien commun. L'art social peut ensuite opérer avec fruit sur les composés, sur les influences qu'ils exercent ou qu'ils éprouvent, les altérations qu'ils peuvent subir.

Avant donc de continuer notre étude sur cette vaste matière des sociétés et pénétrer plus avant dans la recherche des causes de l'ordre, nous sentons le besoin d'un guide, d'un modèle ; car la raison nous dit et l'expérience nous enseigne que dans aucune chose, dans aucun art, l'homme ne peut parvenir à la perfection relative qu'il lui est donné d'atteindre s'il n'a devant les yeux un modèle achevé d'une perfection plus haute.

Ferons-nous donc comme Platon, qui, voulant donner des lois d'une république réelle, se fit à lui-même un modèle qu'il puisa dans son imagination ? Non, nous ne l'imiterons pas, l'erreur est fille de l'imagination ; cependant, lorsque Platon, dans ses lois, se voit en face de la réalité, nous le voyons se résigner à reconnaître la famille et la propriété et leur donner place dans son institution ; il reconnaît alors que l'impossible est une barrière que rencontrent toujours les systèmes qui ont pour objet une trop grande perfection des choses humaines ; mais Platon, dans ses lois, ne donne pas à la famille et à la propriété le développement qu'exige leur nature, ni la dignité des doctrines de son maître, Socrate. Nous prendrons donc pour guide la doctrine de ce dernier philosophe, mais surtout une autorité qui ne trompe jamais, je veux dire la nature elle-même.

Nous prendrons donc pour guide la nature; son langage n'est pas inintelligible comme celui des hommes; les hommes font des systèmes et la nature fait les choses; tout sytème est l'art d'un l'homme et la nature est l'art de Dieu.

Nous chercherons d'abord notre modèle dans la famille créée par Dieu, qui l'a mise hors de la portée des folles spéculations et des vains caprices des hommes. Les rapports que nous avons établis entre la famille et l'autorité civile nous ont convaincu que la société domestique est d'une perfection plus haute, bien digne de servir de modèle à la société civile.

Nous chercherons à nous aider, pour la force, l'étendue et l'harmonie des grands pouvoirs de l'État, d'un modèle d'une perfection encore plus élevée; nous le prendrons dans l'*analogie* des lois qui gouvernent le monde physique, dans le mouvement régulier des astres qui roulent sur nos têtes où Dieu manifeste son intelligence infinie, sa puissance et sa grandeur, vrai modèle parfait de l'ordre en toutes choses. Cette analogie est si évidente, que les poètes l'ont chantée : Pope, dans son *Essai sur l'homme;* et Delille, dans ses *Trois règnes de la nature.*

Guide-moi, montre-moi les sphères éternelles,
Leurs chemins journaliers, leurs marches annuelles;
La gloire d'expliquer leurs cours mystérieux
Seule n'y conduit pas tes regards curieux;
Tu n'y vas point chercher les combats des systèmes,
Les nuages du doute et la nuit des problèmes,
Mais la grandeur du monde et du Dieu qui l'a fait,
Mais des sociétés le modèle parfait,
Où, dans les rangs divers de ce brillant empire
A l'ordre général chaque sujet conspire;
Où la comète même, objet de nos terreurs,
S'égare sans désordre et revient sans erreurs.
Là tu puises le beau dans sa source première;
Et de tous ces soleils, d'où l'ange de lumière,
Jette sur notre boue un regard de pitié,
Pour toi l'attraction est encor l'amitié.
Je ne te suivrai pas dans cette mer profonde
Où chaque astre est un point, et chaque point un monde,

ANALOGIE DE LA SOCIÉTÉ

AVEC LA FAMILLE ET L'ORDRE PHYSIQUE DE LA NATURE.

Dans la société comme dans la famille, il y a deux choses à considérer: le but et les moyens pour l'atteindre.

Le but, ou la fin de la famille, est le bonheur de chacun des membres qui la composent. Mais on ne peut obtenir le bonheur sans la moralité, la vertu et l'acquisition des choses nécessaires à la vie par un travail honnête, des libéralités ou par la succession de nos parens.

Pour obtenir la moralité et le travail, il faut d'abord que l'ordre règne dans la famille; or, la première condition de l'ordre est la subordination.

Il faut donc que le père puisse faire respecter son pouvoir, maintenir l'ordre, faire régner la subordination; il faut qu'il puisse prévenir les fautes, les vices, ou les réprimer, encourager la moralité et le travail.

Il faut que le père ait la direction des actions de ses enfans pour obtenir l'obéissance, et conséquemment le pouvoir de correction; car, comment pourrait-il diriger leurs actions, leur éducation, s'il n'avait pas le pouvoir de les corriger; mais, s'il veut appliquer un châtiment plus sévère, il doit s'adresser à l'autorité publique; les châtimens graves n'appartiennent qu'aux magistrats, eux seuls peuvent s'armer d'une sévérité qui convient mal à la tendresse; une correction modérée suffit pour réprimer les vices; la loi se charge de punir les crimes qui menacent la société.

La soumission des enfans n'est cependant pas absolue, elle a des limites que la raison avoue; le père ne peut être maître absolu de leurs sentimens, de leur vertu.

Dans la famille, les peines sont modérées et d'autant plus suffisantes que leur application et plus certaine, plus facile à varier et que le gouvernement domestique a un fond inépuisable de récompenses.

Le système des récompenses, trop négligé par nos législateurs modernes, est cependant plus propre que celui des peines à produire la moralité; car les affections désintéressées sont en germe dans le cœur de l'homme, et il suffit de les développer. C'est en donnant des récompenses qu'on recueille des vertus.

Ce n'est pas là le seul avantage du gouvernement domestique: dans la famille, les devoirs des parens et des enfans sont garantis par des sentimens indestructibles créés par la nature. La famille est un foyer d'affection et de dévoûment où ces nobles parties de notre nature naissent, se développent et y trouvent des satisfactions qu'elles ne trouveraient pas ailleurs. Sans doute ces affections peuvent se répandre au dehors et développer des rapports sympathiques entre la généralité des hommes qui peuvent les disposer à la justice; mais jamais, dans la société, les hommes ne ressentent au même degré les heureuses influences des affections domestiques. L'éducation, la religion, de bonnes institutions, de bonnes lois sont donc nécessaires pour y suppléer.

La société civile doit donc tendre à se rapprocher de son modèle sans qu'elle puisse jamais espérer de l'atteindre.

Aussi, voyons-nous Socrate proposer sans cesse, à ceux qui gouvernent l'Etat, l'exemple du bon gouvernement domestique, les y ramener comme au type primitif et chercher dans la famille ses comparaisons et ses leçons.

(Voyez les mémoires de Xénophon, c'est l'ouvrage où l'on trouve, avec le moins d'altération, l'esprit de la philosophie socratique.)

La famille est une école de moralité, de travail et de subordination, où l'on apprend à pratiquer tous les devoirs que l'homme doit remplir en société. Nous avons vu que la famille donne une garantie précieuse à la bonne conduite de tous ses membres en établissant une responsabilité morale qui supplée si efficacement à la surveillance et à l'insuffisance des lois.

Nous sommes donc autorisés à conclure que par l'esprit qui doit régner dans le gouvernement domestique on peut juger de celui qui doit régner dans l'Etat.

Au surplus, nous suppléerons à ce qui manque ici, sur les rapports de la famille à la société, par ceux exposés plus haut ou autres pris dans la nature.

La société civile a un but semblable à celui de la famille, aussi voyons-nous que les intentions du législateur et les efforts du père de famille ont un but commun, celui de perfectionner les mœurs, qui sont un moyen d'ordre, de paix et de bonheur.

Le but du père est le bonheur de sa famille, celui de la loi, le bonheur public; elle est au-dessus de tous, elle veille pour tous, elle exerce, au milieu des sociétés, la justice et la paternité universelles. Ainsi, leurs moyens doivent être *analogues*. Cependant, en ce qui concerne la force et l'étendue des grands pouvoirs de l'Etat, l'harmonie qui doit exister entre eux, l'analogie qu'on remarque avec la puissance paternelle ne peut guère leur servir de guide, puisque cette puissance est unique dans la famille, qu'elle s'altère avec le temps, et que sa force co-active dépend même des règlemens émanés de l'autorité publique; nous devons donc remonter plus haut.

Le monde moral a une marche semblable à celle du monde physique, ils ont le même principe, *Dieu*, la même fin, *l'ordre*; de là l'analogie que l'on remarque entre l'ordre du monde physique et celui du monde moral.

C'est dans les lois du système du monde que je trouve le modèle le plus parfait du système social, surtout en ce qui concerne la force et l'étendue des grands pouvoirs de l'Etat et l'harmonie qui doit exister entre eux.

C'est d'un point central que partent ces torrens de chaleurs et de lumières qui fécondent et éclairent tous les corps. C'est dans ce point que réside la plus grande force d'attraction qui retient dans leurs orbites ces grandes masses qui tendent toujours à s'en éloigner par leur propre force d'impulsion, et c'est de la combinaison de ces deux forces que naît cette régularité de mouvement que nous remarquons, — cet ordre, cette harmonie admirables, fait immense qui nous montre dans les planètes une force individuelle et hors d'elles, et d'un point central une force qui les domine toutes, qui semble celle du souverain moteur.

Le pieux Newton, qui a découvert la grande loi de la gravitation universelle, croyait que l'action des corps célestes, les uns sur les autres, augmenterait sans cesse les inégalités de mouvement et que l'intervention de la Providence deviendrait nécessaire pour remettre le système du monde en ordre; mais notre célèbre M. Laplace a prouvé, dans sa mécanique céleste, que le mouvement des planètes satisfait aux conditions de stabilité, qui en assure la continuation dans tous les temps et fixe la limite de leur variation. C'est ainsi qu'il établit, avec évidence, la puissance et l'intelligence infinie de la Providence divine, qui semble avoir tout disposé dans le ciel pour une éternelle durée, par des voies semblables à celles qu'elle nous paraît suivre sur la terre pour la conservation des individus et la perpétuité des espèces.

Ce grand ouvrage de la nature, toujours si merveilleux à mesure qu'il est plus connu, nous donne une idée si grande de son auteur que notre esprit en est accablé d'admiration et de respect.

Plus on étudie la nature, plus on voit partout, dans le monde physique comme dans le monde moral, des rapports assortis : il y a donc un dessein suivi, ce dessein suivi est la preuve des *causes finales*, c'est-à-dire, de la Providence qui a établi ces causes et ces fins.

Descartes a voulu prouver l'existence de Dieu, mais il avait commencé par où il devait finir, il aurait fallu qu'il s'appuyât sur des faits qui lui auraient donné un appui réel. En attendant que notre sujet nous donne l'occasion de laisser échapper quelques réflexions sur cette matière, observons qu'il est certain que tous les corps que nous connaissons reçoivent le mouvement et ne le produisent pas; il y a donc un premier moteur du mouvement des corps célestes qui roulent sur nos têtes, puisqu'il n'y a pas d'effet sans cause; ce premier moteur ne peut donc pas être un être matériel; conséquemment il faut que ce premier moteur renferme en lui-même le principe du mouvement; or, il n'y a que les êtres animés en qui se trouve le principe du mouvement spontané; ce premier moteur est donc un être animé. Nous avons vu qu'il était d'une intelligence infinie; Dieu est donc un être animé, d'une intelligence infinie.

Mais pourquoi l'univers jouit-il de cet ordre constant, dont la continuation lui est assurée dans tous les temps à l'infini? Parce que l'univers obéit sans obstacle aux lois de la nature, à cette admirable loi de la gravitation universelle, dont le but et les moyens tendent sans cesse à l'ordre.

L'homme aussi a ses lois conformes à sa nature d'être intelligent, *sensible et libre*, et s'il obéissait à ses lois naturelles, à la justice qui les domine toutes, elles suffiraient seules pour diriger sa conduite, et c'est alors que l'ordre moral reproduirait, dans les sociétés humaines, ce beau phénomène de l'ordre physique du système du monde.

Mais l'homme, être libre, n'obéit pas toujours aux lois de la nature. Il est sujet à l'erreur, il a des passions, il oublie sans cesse ce qu'il doit aux autres et ce qu'il se doit à lui-même, il abuse de sa liberté. De là l'obstacle qui tend sans cesse à troubler l'ordre dans les sociétés humaines.

Sans doute, l'homme a été doué de raison et d'un sentiment inné de justice qui, du fond de sa conscience, réfléchit sur toutes les actions de sa vie; mais faute de sanction suffisante, la *justice naturelle*, qui dirige sans contraindre, serait vaine pour la plupart des hommes, *si des lois positives* n'ajoutaient aux sanctions naturelles une sanction plus *énergique*, si, avec l'appareil de la puissance, elles ne substituaient l'obligation aux inspirations honnêtes de la nature.

Dans la société, la liberté de l'homme ne consiste pas à faire tout ce qu'il veut, mais tout ce qui ne peut nuire à ses semblables ni à la société dont il est membre. Sa liberté doit respecter les droits de tous et ne point faire ombrage à la justice et à l'ordre public.

Comme, dans la société, l'intérêt particulier, les passions, l'ambition tendent continuellement à éloigner chaque individu de l'intérêt général de la société ou de ses semblables, en violant même les lois positives, il faut donc qu'il existe une puissance qui ramène sans cesse les hommes et les force à se tenir dans la ligne des devoirs que ces lois leur imposent.

Dans le système social comme dans le système du monde, l'ordre et l'harmonie naissent des efforts combinés de deux puissances contraires qui agissent l'une sur l'autre et se balancent toujours sans jamais s'anéantir ; et de même que les corps célestes sont retenus dans leur orbite par cette grande force centrale, malgré leur propre force d'impulsion qui tend à les en éloigner, de même, dans le système social, l'autorité centrale doit être munie *d'une grande force pour retenir* dans la ligne des devoirs *ces forces individuelles qui tendent à s'en éloigner ; comme celles des différens corps nécessaires au gouvernement de l'Etat.*

Cette puissance qui balance les efforts des intérêts particuliers les modère, les harmonise et les plie à l'intérêt général conformé à la justice ; c'est la puissance souveraine en théorie et le gouvernement dans l'application.

La souveraineté est la toute-puissance humaine, la réunion de tous les pouvois sociaux. Ce mot a été inventé pour faciliter la théorie de l'ordre social.

Deux pouvoirs sont nécessaires à l'existence et aux fonctions des corps politiques, le pouvoir législatif et le pouvoir exécutif. Par le premier, la société établit les règles qui doivent la conduire au but quelle se propose, c'est-à-dire le bien de tous ; par le second, ces règles s'exécutent et la force publique sert à faire triompher la société des obstacles que cette exécution pourrait rencontrer des volontés individuelles ou des corps.

Chez une nation, ces deux pouvoirs ne peuvent être exercés par elle-même, elle est obligée de les déléguer.

L'organe et le guide du Gouvernement, qui au fond n'est que la souveraineté en action, *c'est la loi.*

Dans un Etat bien gouverné, la loi doit être fondée sur la justice et l'utilité commune. L'utilité est inséparable de la justice : rien d'injuste ne saurait être d'un avantage durable pour les hommes.

La justice ne se place que dans les rapports des hommes entre eux. Elle consiste à ne point nuire à autrui, à conserver, à rendre à chacun ce qui lui est dû ou lui appartient.

Elle est le principe et la fin des sociétés humaines, le premier besoin des peuples et le plus puissant lien des sociétés.

Ce que nous avons dit jusqu'ici du système du monde nous donne le modèle parfait de l'*Autorité* dans le gouvernement des peuples ; mais pour compléter l'analogie des lois qui gouvernent le monde physique et de celles des sociétés humaines, et surtout avant d'en faire l'application, il nous manque encore à établir l'analogie de la gravitation universelle avec la *justice*, qui, comme nous venons de le dire, est, avec l'utilité commune, le principe et la fin des sociétés humaines.

La justice, si on y regarde de bien près, est au fond et dans son essence comme dans ses effets exactement semblable à l'*utilité commune :* car, tout ce qui est juste est essentiellement bon pour les hommes, leur est *essentiellement utile ;* et tout ce qui leur est essentiellement utile est juste : en effet, la justice n'est pas cette utilité momentanée apparente que les passions recherchent ou reconnaissent, mais une utilité réelle, cette utilité que la conscience et la raison découvrent, avouent pour tous les temps, pour tous les lieux, chez tous les hommes.

Il y a deux sortes d'utilité ou de bien, le *bien matériel* et le *bien moral*. Le bien matériel, qui produit la santé, la fortune, les richesses, le *bien-être*. Le bien moral, qui engendre la bonté, la vérité, la justice, les bonnes mœurs. Pour le bonheur des individus qui composent la société, pour le maintien de l'ordre, tout gouvernement doit tendre à réunir, à mettre en harmonie ces deux espèces de bien, comme nous l'avons vu pour l'homme et pour la famille.

ANALOGIE DE LA JUSTICE ET DE LA GRAVITATION UNIVERSELLE.

La justice est l'expression d'une vérité morale, comme la gravitation est l'expression d'une vérité physique.

La justice ne se place et n'exerce son influence que dans les rapports des hommes entre eux, comme la gravitation dans les rapports des différentes parties de la matière. Elle exerce son influence sur les plus grands intérêts des hommes comme sur les plus infimes, de même que la gravitation l'exerce sur les plus grandes masses et sur les moindres molécules de la matière.

Les familles sont les élémens des sociétés plus étendues, la commune, la société civile, et, de même que la gravitation exerce son influence sur les plus grandes masses de la matière comme sur les moindres molécules, la justice exerce la même influence, dans l'ordre, sur les sociétés les plus étendues comme sur la famille, qui en est la molécule.

La justice est une loi générale de la nature et, de même que la gravitation universelle exerce une puissance indestructible, la justice exerce parmi les hommes la même souveraineté : c'est elle qui domine et règle tous les pouvoirs sociaux, la liberté de l'homme, *tous les intérêts publics ou particuliers*.

Dans la société civile on distingue plusieurs espèces de lois, quant à leur origine, à leur objet et leurs conséquences, mais elles ont toutes la même base, et cette base est la justice.

La preuve de la vérité pour les doctrines est l'unité et la généralité, et la justice est une loi générale qui ne souffre aucune exception.

La justice est donc une loi morale *analogue* à celle de la gravitation ; elle a un but et des effets semblables, c'est-à-dire l'harmonie et la stabilité des sociétés humaines, comme la gravitation l'harmonie et la stabilité du système du monde. De là nous pouvons conclure que la justice est aussi nécessaire à l'ordre social que la gravitation universelle l'est à l'ordre physique de la nature.

Nous allons bientôt faire l'application de notre analogie à la nature de l'homme et de ses facultés ; c'est le côté pratique de notre doctrine, qui n'est pas dénuée d'intérêt. L'on y verra le rôle que joue l'amour de soi, l'intérêt qui en dérive et la sympathie ; comment ces sentimens primitifs, suivant qu'ils sont plus ou moins en équilibre, tendent plus ou moins à déterminer la volonté à suivre la voie de la justice.

La société n'a pas créé le juste ou l'injuste, la bienveillance, la bonne foi, mais ce sont les principes de justice et de bienveillance qui ont rendu les sociétés possibles.

Dans la nature, toutes les choses semblablement organisées tendent à se mettre en harmonie. Cette tendance se nomme sympathie.

La nature inorganique offre de semblables phénomènes : deux pendules dont la marche est peu différente, étant placés sur un même support, finissent par avoir exactement la même marche ; et dans un système de cordes sonores, les vibrations de l'une d'elles font résonner toutes les harmoniques. Ces effets, dont les causes bien connues ont été soumises au calcul, donnent une idée juste de la sympathie, qui dépend de causes bien plus compliquées. (LA-PLACE, *Des Probabilités*.)

La sympathie est pour l'homme le penchant qui le porte à s'associer aux sentimens de ses semblables, qui fait que le spectacle de la douleur est pour lui une peine, et celui de la joie un plaisir ; qui fait que lorsqu'il est malheureux il a besoin d'être plaint, et que lorsqu'il est heureux sa satisfaction n'est complette que lorsqu'elle est partagée ; que le sentiment d'aimer lui est agréable à éprouver, à inspirer, et le sentiment de haine ou d'être haï est pénible et triste.

Le sentiment de personnalité, l'intérêt personnel est souvent opposé à celui de nos semblables, il nous en éloigne et produit souvent l'antipathie et toutes les passions haineuses qui engendrent tant de maux, tandis que la sympathie est la source de toutes les vertus bienveillantes qui sont la source de tant de bien.

L'intérêt personnel, dérivé de l'amour de soi, n'est pas un mal, puisqu'il est une condition de notre existence; nous devons donc le *satisfaire*, mais nous devons éviter que ses abus n'engendrent des conséquences fâcheuses; nous devons donc lui donner des bornes, et ces bornes ne sont autres que la *justice*. C'est la justice qui seule peut conserver l'harmonie entre nos intérêts et ceux d'autrui, sans nuire à la sympathie et à cette paix de l'âme sans laquelle il n'est pas de bonheur.

Il n'y a qu'une vertu dont l'omission fasse à autrui un mal positif, c'est la justice. Aussi est-ce la seule à l'observation de laquelle les autres aient le droit de nous contraindre: c'est un devoir rigoureux de respecter la justice, et les autres ont le droit d'exiger que nous la respections.

Si la sympathie tend à produire l'harmonie dans les sociétés humaines, la justice peut seule la maintenir en prévenant l'abus de l'intérêt personnel, et, de même que dans le système du monde l'ordre et l'harmonie naissent des efforts combinés de deux forces contraires, par l'effet de la loi de la gravitation, de même dans les sociétés humaines l'ordre et l'harmonie tendent à se maintenir par l'effet de cette belle loi, son analogue, la justice.

C'est par l'action simultanée de ces deux puissances contraires, l'intérêt personnel, né de l'amour de soi, et la sympathie, que chacune d'elles se modère, l'une s'opposant au mal de l'autre, et laissent ainsi un plus libre cours à la conscience et à la raison, qui éclairent et guident la volonté de l'homme et tendent à lui faire suivre la voie de la justice.

Pascal a dit: « Nous naissons injustes, car chacun tend à soi, cela est contraire à tout ordre. Il faut tendre au général et la pente vers soi est le commencement de tout désordre, en guerre, en police, en économie, etc. »

Pascal aurait pu ajouter: nous naissons sympathiques, sentiment qui a une tendance contraire qui conduit à la bienveillance, à la bienfaisance, et c'est la justice qui tend à maintenir l'ordre et l'harmonie entre ces deux tendances contraires, en prévenant l'abus de l'intérêt personnel, comme en servant de guide à la sympathie.

Les causes de l'ordre moral dans les sociétés humaines étaient cachées pour nous; nous les avons cherchées dans l'analogie des causes de l'ordre du système du monde; cette analogie nous les a révélées, les voilà trouvées. Les conséquences que nous allons en tirer serviront encore à confirmer cette vérité que les esprits justes sentent par une sorte d'instinct, sans qu'ils puissent souvent s'en rendre compte.

L'on voit donc que la justice est destinée, dans l'ordre moral, à retenir les hommes dans la ligne des devoirs que les lois leur imposent, comme, dans l'ordre physique, la gravitation est destinée à retenir les corps célestes dans l'orbite que leur a tracé la Providence divine.

La justice est la vertu sociale par excellence; les autres vertus ne s'exercent guère que dans l'intérêt de l'individu, la justice, au contraire, s'exerce dans l'intérêt de tous.

On peut être prudent, courageux, modéré pour soi, on n'est juste qu'à l'égard des autres, et, dans ce cas, la prudence, le courage, la modération ne sont pas des vertus si elles manquent de justice.

La libéralité, la bienfaisance exigent aussi des précautions; le bienfait peut nuire, il peut dépasser nos ressources, il peut être mal placé, la justice doit donc en régler l'usage.

Souvent même il y a dans la justice plus de bonté que dans la sensibilité même, et la morale la plus pure qui n'a pas la justice pour base n'est pas un guide bien sûr pour la conduite de l'homme : la dureté, par exemple, est une injustice, puisqu'elle blesse les droits de tout homme à n'être jamais affligé inutilement par un autre.

La justice et la sympathie *sont deux sœurs* qui font *un échange continuel de bons offices*: la justice, en ne voulant rien prendre sur les autres, habitue l'homme au désintéressement, le dispose à la sympathie; la sympathie, à son tour, dispose l'intérêt personnel à écouter la voix de la justice, elle tempère ce que la justice peut avoir de trop rigoureux, en ayant égard à la faiblesse des hommes comme aux circonstances.

Avant la révision de notre Code pénal, il n'y avait pas de justice parfaite, puisqu'on bannissait des tribunaux l'examen des circonstances qui avaient précédé ou accompagné le crime et qui auraient pu en affaiblir la gravité. Je sais qu'on abuse de cette belle faculté, mais on abuse des meilleures choses. Il y a moyen d'y remédier.

La justice pourra souffrir encore de bien cruelles atteintes, quoiqu'elle reçoive ostensiblement de nombreux hommages; mais j'aperçois venir un respect plus profond pour cette grande loi de la nature, une garantie pour elle, dans l'impossibilité de la méconnaître pour la souveraine du monde; et s'il existe encore des contradictions entre le langage et les actes, si l'ambition emprunte le masque de la justice, le déguisement deviendra graduellement moins facile.

Les Romains considéraient la justice comme une divinité tutélaire dont le temple, toujours ouvert, offrait dans tous les temps un refuge assuré au pauvre contre le riche, au faible contre le puissant, à l'opprimé contre l'oppresseur.

Les juges étaient considérés comme les ministres de ce temple, et comme revêtus d'une espèce de sacerdoce; on voyait en eux les prêtres de la justice, chargés de veiller à ses saintes lois; belle et noble pensée, qui prouve combien était grande et vraie l'idée que les Romains se formaient de la justice.

Nous aussi, disaient encore les juris consultés, méritons qu'on nous appelle prêtres de la *justice*; car nous sommes voués à son culte; nous nous consacrons à la recherche de ce qui est vrai, utile et bon; nous traçons la ligne qui sépare le juste de l'injuste; nous signalons ce qui est permis ou défendu; cultivant ainsi la sagesse pratique, au lieu de nous perdre dans les écarts d'une vaine et fausse philosophie.

Dieu, être réel, n'est pas incompréhensible, il se réfléchit dans ses ouvrages, comme la cause dans ses effets; les cieux manifestent sa grandeur, sa puissance, son intelligence infinie; elle éclate encore dans l'harmonie de ses lois physiques et morales, dans l'unité de plan que l'analogie nous a révélée. Nous ne parlerons pas des conséquences qu'on peut tirer de cette analogie, qui n'avait été entrevue que par le sentiment, il nous suffira d'observer ce qui encore la confirme : *la gravitation éternelle de l'humanité vers le Dieu unique est la plus grande merveille de la création.*

DE LA PROPRIÉTÉ.

Nous avons dit que la justice et l'utilité étaient l'origine et la fin des sociétés humaines, et le droit de propriété réunissant ces deux caractères, l'ordre et la liaison des idées nous engagent à en parler ici.

La propriété est le principe et non le résultat de l'ordre social, on doit la considérer comme cause et non comme un effet de la société; c'est de là que dépend toute la moralité, et par cela même toute l'autorité des institutions humaines.

Dire avec Bentham, Becaria, Mirabeau et bien d'autres, que la propriété et les lois sont nées ensemble, c'est confondre la garantie avec le droit lui-même.

La propriété est, comme la justice dont elle est insépa-

rable, l'expression d'une vérité morale, préexistante à l'é-
tablissement des sociétés, qui n'auraient pu s'établir sans
elle.

Si elle n'était qu'un privilège institué par l'autorité civile, comme récompense des travaux accomplis, ou un
encouragement à ceux à venir, la propriété pourrait être
modifiée par la puissance qui aurait créé ce privilège; mais
bien loin d'être un privilège, elle est fondée sur la grande
loi de la justice. Ce droit privatif, tel que le reconnaissent
et protègent nos lois, l'emporte en justice, en utilité, en
sagesse, en prévoyance sur tous les différens systèmes qui,
depuis l'origine des sociétés, ont divisé les philosophes et
troublé le monde.

« Le principe de ce droit est en nous, disait Portalis au
» Corps législatif (an XII): il n'est point *le résultat d'une*
» *convention humaine ou d'une loi positive*, il est dans la con-
» stitution même de notre être et *dans nos différentes rela-*
» *tions avec les objets qui nous environnent.*

» Quelques philosophes paraissent étonnés que l'homme
» puisse devenir propriétaire d'une partie du sol qui *n'est*
» *pas son ouvrage*, qui doit durer plus que lui, et qu'il
» n'est soumis qu'à des lois qu'il n'a pas faites; mais cet
» étonnement ne cesse-t-il pas, si l'on considère tout le
» prodige de la main-d'œuvre, c'est-à-dire tout ce que l'in-
» dustrie de l'homme peut ajouter aux ouvrages de la *na-*
» *ture?*

» Oui, législateurs, c'est par notre industrie que nous
» avons conquis le sol sur lequel nous existons; c'est par
» elle que nous avons rendu la terre plus habitable, plus
» propre à devenir notre demeure. La tâche de l'homme
» était, pour ainsi dire, d'achever le grand ouvrage de la
» création.

» Méfions-nous des systèmes dans lesquels on ne semble
» faire de la terre la propriété de tous que pour se ménager
» le prétexte de ne respecter le droit de personne. »

La communauté absolue des biens n'a jamais existé ni pu
exister. La Providence a offert ses dons à l'universalité,
mais pour l'utilité des individus. *La terre est commune*, dit
Cicéron, *mais comme l'est un théâtre, qui attend que chacun
vienne y prendre sa place particulière.*

La propriété est le droit le plus sacré de tous; il est plus
essentiel, à certains égards, que la liberté même, puisqu'il tient de plus près à la conservation de la vie et que,
ne pouvant être appliqué qu'à des choses plus difficiles à
défendre, il exige une protection plus particulière et plus
active. (J.-J. Rousseau. — *Disc. sur l'économie politique.*)

Aussi, tous les législateurs sont-ils intervenus pour assurer au droit de propriété l'appui de la puissance publique ; ils n'inventèrent pas ce droit, la propriété était fondée sur un de ces faits primitifs qui n'ont d'autre source que dans la nature même de l'homme. Les Romains considérèrent ce droit comme tellement essentiel à l'existence des sociétés humaines, tellement conforme à la justice et à l'autorité sociale, qu'ils firent intervenir la religion pour le sanctionner. Le dieu Terme fut le premier qu'ils honorèrent, et des fêtes annuelles furent établies en son honneur, ils voulurent que les bornes des champs fussent sacrées.

La religion chrétienne a sanctifié le droit de propriété, et condamné tout ce qui peut lui porter atteinte. Bien plus, le désir de dérober le bien d'autrui, ou la complaisance dans la pensée, est défendu. Il n'est pas permis de prendre le bien d'autrui, même pour en faire un bon usage ; l'oblation de celui qui sacrifie le bien usurpé est *souillée*, et les dons des hommes *d'injustices* sont des sacrifices qui ne peuvent être agréables à Dieu. C'est la grande voix de l'Eglise universelle et l'enseignement de tous les siècles.

Ce n'est pas la loi qui fonde le respect de la propriété, mais la justice et le bien commun ; c'est-à-dire ce qui sert le mieux les intérêts de l'humanité. Si la propriété n'avait pas eu une pareille base, la loi n'aurait pas suffi pour la faire respecter, et cependant elle l'a été chez tous les peuples, depuis l'origine du monde jusqu'à nos jours. C'est ce qui a fait dire à Napoléon Ier, au Conseil d'Etat, le 18 septembre 1809 : Napoléon lui-même, avec les nombreuses armées dont il dispose, ne pourrait s'emparer d'un champ, *car violer le droit de propriété dans un seul, c'est le violer dans tous.*

DU POUVOIR, DE LA LIBERTÉ.

Quand Dieu fit l'homme pour être gouverné, ses vues se manifestèrent dans la famille qu'il créa comme pour servir de modèle aux sociétés humaines. Il ne fit pas l'homme pour être libre, mais il le fit libre, pour le mettre à portée de remplir la destinée commune à tous les hommes. L'autorité comme la liberté sont donc instituées par la nature ou Dieu même ; chacune a son principe et sa destination.

Dans l'état social, on doit s'écarter également de toute idée d'indépendance, qui s'empare si aisément de l'imagination des peuples, comme de celle de toute-puissance où tend quelquefois le pouvoir. L'homme peut abuser également de la liberté et du pouvoir ; il est donc nécessaire de renfermer l'un et l'autre dans les bornes de leur destination respective. Ces bornes sont *la justice et le bien commun*.

C'est avec raison qu'on a dit, avec une raison supérieure devant laquelle je m'incline; Parmi les institutions publiques, celles-là seulement ont de la durée qui fixent d'une manière équitable les limites où chaque pouvoir doit s'arrêter. Il n'est pas d'autres moyens d'arriver à une application utile et bienfaisante de la liberté; les exemples n'en sont pas loin de nous.

Dans tous les temps, le mot de liberté a été mal compris et mal défini; aussi, dans tous les temps, voyons-nous les ambitieux se servir de ce mot magique pour augmenter le nombre de leurs partisans ou de leurs esclaves. Que de crimes ont été commis au nom de la liberté! et qu'il peut s'en commettre encore!!

Essayons cependant de fixer le sens de cette expression, afin que le peuple soit en garde contre son prestige et qu'il ne prenne pas l'ombre pour la réalité.

Pour les démagogues, la liberté de l'homme consiste dans la faculté de faire tout ce qu'il veut; mais, s'il en était ainsi, que deviendraient la sûreté et la liberté de ses semblables?

Il n'y a pas de liberté illimitée dans la nature; la liberté illimitée, c'est l'empire de la force, c'est la licence!!

D'après les seules lumières de la raison, la liberté civile consiste dans la faculté qu'a l'homme de faire *tout ce qui ne nuit pas à autrui ou à la société dont il est membre*. (Voir, au surplus, page 4.) Avec cette limitation, il y a égalité de droits pour tous les hommes; tous peuvent aspirer à la liberté.

Lorsque le législateur défend les actes nuisibles à la société ou aux individus qui la composent, et qu'il fixe des peines répressives de l'abus de la liberté, cette *sanction* n'agit pas par voie de contrainte matérielle sur la volonté des hommes; seulement elle fait naître en eux des craintes et des espérances, principaux mobiles de la volonté humaine, qui, dans les cas prévus, peuvent agir comme motifs dans leurs déterminations et leur marquer où est leur véritable devoir, leur véritable intérêt et celui de la société. C'est en quelque sorte un Mentor que la loi leur donne, qui, fondée sur la justice et la morale, mène l'homme vers la sagesse et tend à maintenir les écarts auxquels la liberté les expose.

Nous avons vu plus haut les principes qui doivent servir à déterminer la force et l'étendue du pouvoir capables de maintenir l'ordre dans une société. Nous avons dit aussi qu'il fallait que *la Constitution ne fût pas une cause d'affai-*

blissement et de ruine, une espèce de polythéisme civil; qu'entre plusieurs dieux qui se contredisent et qui commandent à la fois, une divinité suprême peut seule mettre la paix et la concorde, trop élevée pour ne pas toujours désirer le succès sans jamais connaître l'envie.

Bossuet a dit aussi : Où tout le monde veut faire ce qu'il veut, nul ne fait ce qu'il veut; où il n'y a pas de maître, tout le monde est maître; où tout le monde est maître, tout le monde est esclave. Tout cela prouve que le pouvoir est le fondement de la liberté, et que sans le pouvoir il ne faut compter que sur l'anarchie.

Mais, pour maintenir l'ordre et la vraie liberté dans une société, l'organisation du pouvoir doit avoir de fortes garanties contre ce despotisme qu'on nomme la *licence populaire*. C'est moins la liberté que recherche la multitude que le pouvoir, cette autorité que les démagogues exercent en son nom, autorité si ressemblante au despotisme par l'usage qu'elle en fait, par l'indifférence des moyens et par son irresponsabilité.

Platon décrit tous les maux qu'enfante la licence populaire. Il avait dit combien une liberté modérée est bien préférable à cette liberté absolue, indépendante, qui fait plier sous elle tous les pouvoirs, ceux du père, du mari, des magistrats et des lois mêmes.

« Lorsque l'ardeur du peuple s'est enflammée d'une soif
» intarissable d'indépendance, et que, servi par des com-
» plaisans pervers, il a bu avidement la coupe remplie
» de la *liberté sans mélange*, si ses magistrats ne sont pas
» lâchement faibles et obéissans, s'ils ne lui versent pas à
» flots la liberté, il les poursuit, les incrimine, les accuse,
» les appelle dominateurs ou tyrans; alors ceux qui veu-
» lent obéir aux chefs de l'Etat sont tourmentés par ce
» même peuple, qui les appelle esclaves volontaires. Mais
» ceux qui, dans les magistratures, affectent l'égalité po-
» pulaire, ou qui, dans la vie privée, travaillent à effacer
« toutes distinctions entre le magistrat et le simple citoyen,
» on les comble de louanges, on les accable d'honneurs.
» Or, il est inévitable que, dans une république ainsi con-
» duite, la liberté surabonde de toute part; que chaque
» maison soit dépourvue, dans son intérieur, de toute
» force régulatrice; que le père craigne le fils; que le fils
» méprise le père; que toute pudeur soit détruite, pour
» rendre l'indépendance plus entière; que le maître re-
» doute ses élèves, et qu'il les flatte; que les élèves pren-
« nent en mépris les maîtres; que les jeunes gens s'arro-
» gent l'autorité des vieillards. Il suit d'un tel état de cho-
» ses que les esclaves se donnent toute licence, que les

» femmes prennent les mêmes droits que leurs maris, et
» pour tout dire en un mot, que les âmes des citoyens fi-
» nissent par être si ombrageuses et si délicates, qu'au
» moindre essai d'autorité qu'on voudrait faire, elles s'in-
» dignent et ne peuvent rien souffrir, jusque là que bientôt
» elles en viennent à mépriser aussi les lois, afin de s'af-
» franchir plus complètement de tout maître. »

Voilà bien la licence populaire semblable à celle que nous
avons vue dans nos différentes révolutions; mais j'observe
que cette licence est un effet, il faut donc en reconnaître
les causes et surtout comment elles se sont développées
chez nous et comment elles se développent chez tous les
peuples, en ce qui concerne les spectacles, les réunions et
la communication des pensées.

La sympathie est un sentiment naturel, universel, qui,
comme l'amour de soi, subsiste par lui-même et, comme
lui, peut s'affaiblir, se dépraver, mais jamais s'anéantir.

L'influence de la sympathie sur l'entendement humain
est très puissante; en agissant sur l'économie animale,
elle produit des effets extraordinaires qui, dans les siècles
ignorans, étaient attribués à des agens surnaturels. Mais
c'est surtout chez un grand nombre d'individus réunis que
les sympathies s'accroissent par leurs réactions mutuelles,
comme on l'observe au théâtre. C'est dans les grandes assemblées que naissent ou se fortifient l'esprit de secte, l'esprit de parti; l'histoire et nos expériences récentes nous
ont montré les influences les plus étonnantes comme les
plus déplorables que peuvent exercer des sophistes dans
ces réunions. Aussi, Fontenelle disait-il souvent : Qu'on
me donne une douzaine d'hommes bien déterminés,
je me fais fort de persuader à un corps de nation que le
soleil ne luit pas en plein midi. Dans une société aussi cré-
dule que la nôtre, où l'on adopte les opinions les plus
fausses sur la foi d'autrui, combien de bons esprits ont été
dépravés, faussés par de mauvaises lectures, par les journaux comme par les spectacles et les doctrines professées
par les démagogues dans les clubs. De là cette effrayante
propagation d'erreurs, de faux systèmes qui ont amené
cette anarchie intellectuelle, morale et politique, qui nous
a rendu la dupe des illusions ou de l'ambition du premier
venu et nous a fait faire les frais de bouleversemens pério-
diques.

Aussi la naissance fondée sur l'honneur et les services
rendus avait-elle perdu une partie de son prestige, la religion une partie de son empire, et l'administration une
partie de sa prépondérance; et sur ces ruines s'élevait l'é-
loquence des sophistes et des ambitieux qui, par un abus

de la tribune et de la presse, étaient parvenus à acquérir une prépondérance décisive, De là ces rivalités, ces partis, ces factions qui nous avaient précipités dans le plus épouvantable fléau qui puisse affliger une nation.

Maintenant, voyons quel est le but général que devait se proposer le législateur pour prévenir ces désordres ; nous verrons ensuite les moyens qu'il doit employer pour arriver à ce but.

Dans les sciences physiques, lorsqu'une force naturelle est découverte, par exemple, celle de la vapeur, que fait-on ? On étudie les lois de cette force, on construit ensuite des machines qui puissent nous permettre de nous servir de cette force comme d'un instrument ; plus tard ces machines font explosion ; on cherche alors à prévenir ces accidens redoutables en employant des soupapes de sûreté. Eh bien ! ce sont des soupapes de sûreté que le législateur doit employer pour rendre les forces morales des spectacles, des réunions et de la presse à leur destination première : d'éclairer, de garantir la vérité de l'erreur et de fortifier la morale sociale, l'ordre public et les bonnes mœurs, afin de prévenir ces explosions qu'on appelle révolutions.

Dans la nature, tout est organisé pour la fin suprême imposée de Dieu à l'universalité des hommes et des choses. *Mettre en harmonie avec nos forces morales des forces artificielles qui ne l'étaient pas ou leur étaient contraires, c'est en quoi consiste le grand art du législateur.*

Ce sont ces principes qui, dans *tous les temps et toutes les circonstances, suivant l'esprit, les mœurs, le caractère des peuples doivent servir de guide au législateur pour ses décrets sur les spectacles, les associations et la presse.*

Ces décrets doivent avoir surtout pour but d'inspirer le respect des lois, des magistrats, de l'ordre public et des bonnes mœurs, *de la famille, de la propriété et de la religion,* vrais principes conservateurs qui tendent à fortifier, élever dans l'homme les sentimens d'humanité et de justice, et maintenir l'ordre, tandis que leur mépris tend à le rendre injuste et méchant.

L'on voit par là que l'imitation en législation n'est pas un guide toujours sûr. Cependant nous avons vu certains législateurs viser à l'imitation de quelques institutions grecques ou romaines, ou celles de quelques peuples modernes, sans s'inquiéter de la différence des mœurs, des usages, du caractère et de l'esprit des peuples ; c'était vraiment là une routine contre laquelle on ne saurait trop se tenir en garde.

Il faut le reconnaître, les peuples modernes se copient

maladroitement les uns les autres ; ils font des essais imprudens, périlleux, et succombent dans des luttes pour lesquelles ils n'étaient pas préparés.

Cet esprit d'imitation, utile dans les arts, est la source la plus féconde d'erreurs en politique, par suite des difficultés d'assigner, sur une foule de causes qui agissent simultanément et en sens divers, les effets propres à chacune d'elles. C'est donc avec une grande raison que Napoléon a dit, avant le 2 décembre : Ce n'est point la copie mesquine d'un passé quelconque qu'il s'agit de refaire ; il s'agit de convier tous les hommes de cœur et d'intelligence à consolider quelque chose de plus grand qu'une charte, de plus durable qu'une dynastie : les principes éternels de religion et de morale, en même temps que les règles d'une sage politique.

DU POUVOIR ET DE LA LIBERTÉ DE LA PRESSE,

QUANT AUX LIVRES ET FEUILLES PÉRIODIQUES POLITIQUES.

La liberté que nous tenons de la nature est nécessaire à l'homme pour satisfaire à ses besoins physiques, intellectuels et moraux ; aussi est-elle un besoin réel des sociétés, et c'est à la célèbre assemblée constituante de 89, dont mon père avait eu l'honneur de faire partie, que nous devons ce bienfait. C'est la liberté de locomotion, c'est-à-dire *d'aller, de venir, de rester où bon nous semble, la liberté de travail, de profession, d'industrie, d'usage de nos biens, la liberté de conscience*, enfin *toutes les libertés naturelles à l'homme*, que nous n'énumérons pas parce qu'elles sont infinies et qu'il y en a autant que d'étoiles dans le ciel ; c'est là ce cercle de facultés qu'on appelle la liberté civile, liberté que les lois positives nous garantissent et qui a la merveilleuse propriété de se servir de garantie, de limite à elle-même.

Pour la liberté de la communication de la pensée, il n'y a de vraiment naturelle que celle qui se fait par l'organe de la voix ; seule elle est, au plus haut degré, la représentation de la pensée de celui qui l'exprime ; elle a cet avantage de pouvoir être saisie par la justice et lui donner les moyens de réprimer ses abus. Il en est de même de la liberté de communiquer ses pensées par la simple écriture ; quoique celui qui a écrit ait pu écrire la pensée d'un autre, lorsqu'il y joint sa signature, cela peut suffire pour l'usage des conventions et ne présente pas de grands dangers pour la société. Mais pour la communication de la pensée par la voie de l'imprimerie, nous devons distinguer deux choses : d'abord les *livres*, cette espèce de paternité fictive pour laquelle la justice a quelques moyens de s'assurer de l'auteur d'un ouvrage d'une certaine étendue, avec des faits semblables à ceux que présente la paternité légitime ; ce sont *les faits qui précèdent, qui accompagnent et qui suivent la publication.* Ces faits forment un ensemble lorsque l'ouvrage a une certaine importance; coordonnés entre eux, ils donnent les moyens de reconnaître l'auteur de l'ouvrage.

Quant à la presse périodique, les faits qui ont précédé, accompagné et suivi la publication sont si fugitifs, si variables, si incertains, qu'il est impossible de s'assurer des auteurs qui ont fourni les articles; aussi, a-t-on admis des *gérans responsables* qui représentent tous ceux qui ont concouru à la rédaction, à l'impression et à la publication. C'est une espèce de corps moral qui se forme pour cette œuvre; or, le sens commun nous dit, et Baudin, Mirabeau et autres publicistes nous enseignent qu'il ne peut exister dans un État un corps, quelque minime qu'il soit, sans le consentement de la société où il se forme.

Je pense n'avoir pas besoin d'ajouter d'autre autorité pour établir que ce principe est applicable à la presse périodique, et que dès lors la société, ou le gouvernement qui la représente, peut dissoudre ces corps lorsqu'ils portent atteinte à l'ordre public, aux bonnes mœurs ou à la sécurité des citoyens.

Nous l'avons dit, le gérant responsable, en cas d'abus, était poursuivi, condamné; toute la responsabilité pesait sur sa tête; mais ce n'était qu'un mercenaire qui, comme l'intimé, vivait des coups de bâton qu'on lui donnait. Cependant ce n'était pas le but que la société se proposait. En infligeant une peine, elle avait pour but de prévenir la récidive, par l'expiation et par l'exemple, afin d'en empêcher d'autres d'imiter le coupable.

Dans tous ces procès, comme dans toutes ces condamnations, depuis 1815, qu'y voyons-nous? Nous n'y voyons qu'une dégoûtante comédie. J'y vois bien la *réciprocité*, les balances, image de la justice, mais je n'y vois que son ombre et non la justice réelle, son type éternel; *J'y vois un point d'appui à l'injustice et deux scandales à la fois* dans l'intention de réprimer le mal par la justice, sans pouvoir y réussir.

Sans doute, si l'exemple de la condamnation avait pu inspirer la crainte, si la peine eût frappé juste le vrai coupable, le moyen eût été bon; mais la nature des choses et des hommes ne le permettait pas. Dès lors la peine n'était qu'une représaille qu'exerçait la société pour sa défense, mais non une satisfaction légitime qui, produisant l'expiation comprise par le coupable, pouvait prévenir la récidive et le réconcilier à ses propres yeux avec l'ordre qu'il avait violé; ce n'était qu'un coup de foudre qui frappait au hasard; c'était une force sans moralité qui ne pouvait avoir sur la conscience du peuple d'autre influence que pour la dépraver.

Ne doit-on pas être étonné d'avoir vu tant de législateurs professer, au nom de la justice, des principes subversifs de ses lois? Et, ce qu'il y a de plus scandaleux encore, c'est que cette force redoutable de la presse périodique, avec sa responsabilité imaginaire, tendait à enfanter des principes de désordre, favoriser l'ambition et les rivalités qu'elle inspire, et ruiner tous les principes d'ordre et de sécurité pour les citoyens.

Mais si la responsabilité était vaine pour l'abus, je le demande, à quoi servaient toutes ces législations sur la presse périodique pour prévenir ou empêcher le mal par l'expiation et l'exemple? Ce n'était donc que la liberté de périr.

Oui, quand on veut lutter contre la nature des choses et des hommes, quand on va contre l'impossibilité d'application morale, on n'engendre que des causes constantes de désordre qui tendent à ruiner les conditions d'existence des sociétés, c'est-à-dire *la justice qui les règle, la sympathie qui les fonde et la charité qui les maintient.*

J'ai souvent entendu dire avec les excès de la presse : *Tout gouvernement est impossible.* J'ai voulu rechercher les causes de ce lieu commun, les voilà trouvées.

Nous verrons bientôt quel est le remède à ce mal, qui, chez les autres peuples, avait une soupape de sûreté, un contrepoids que nous n'avons pas, qui l'atténue et en ralentit les effets.

Les causes constantes de l'ordre dans un État sont les plus importantes, comme les causes de l'ordre qui règne dans les cieux : elles dérivent de la même source. Mais quand les peuples les méconnaissent, quand ils prennent l'ombre pour la réalité, c'est de cette erreur que naissent toutes ces luttes, tous ces désordres et tous ces malheurs qui les affligent. C'est le fait le plus éclatant comme le plus universel que nous présente l'histoire et notre propre expérience.

Sans doute, les phénomènes qui résultent du mouvement composé du jeu de la liberté humaine, de l'impulsion imprimée au monde moral, ne sauraient être prévus et déterminés d'avance avec la même certitude que le cours régulier des planètes; mais les lois de l'ordre moral, qui sont propres à maintenir l'harmonie dans les sociétés humaines, doivent à la longue produire leurs effets, car la nature est toute-puissante avec ses lois ; elles arrivent toujours à la longue à leur fin; ces lois n'ont pas été créées en vain.

Dieu a laissé le champ libre à la liberté humaine de troubler les sociétés, de les embraser du feu de la discorde, de les épouvanter par des séditions, des révolutions; mais il ne lui a pas permis de pouvoir empêcher l'accomplissement des lois de l'ordre moral et physique. (*Voyez page* 5). Or, c'est une loi de l'ordre moral aussi certaine que celle de l'ordre physique, qui veut que *la liberté soit inséparable de la responsabilité;* loi générale et sans exception, loi rigoureuse d'après laquelle partout où vous verrez la responsabilité, vous êtes assuré de trouver la liberté, et que partout où vous ne trouverez pas une responsabilité réelle, vous pouvez assurer qu'il n'y a pas de vraie liberté. Cette vérité s'applique d'autant plus à la liberté de la presse que les autres libertés civiles sont limitées naturellement par celles d'autrui; tandis que celle-ci, d'invention humaine, n'a d'autres garanties que la répression. Aussi l'assemblée constituante n'oublia pas de mettre à la liberté de la presse la condition essentielle et générale de la répression.

Comment, quand un pair de France s'écriait : *La légalité nous tue,* les légistes ne voyaient-ils pas que la presse périodique ne pouvait remplir cette condition par la législation existante; qu'en la modifiant, ce n'était pas sortir de la constitution, mais y rentrer? Comment ne voyaient-ils pas qu'on pouvait dénouer le nœud sans le couper? C'est une méprise qu'on ne saurait trop déplorer.

Mais qu'y a-t-il à faire pour mettre la presse périodique sur la voie de sa destination? Une chose bien simple : si elle erre, si elle s'égare, c'est de la mettre dans le bon chemin, de lui donner un conseil au lieu de lui faire des procès.

Tout pouvoir, et l'on ne contestera pas, d'après ce que nous avons dit, que la presse périodique n'ait exercé et ne puisse exercer encore un pouvoir immense, souvent contraire à l'objet de sa destination; or, je trouve que tous les pouvoirs, en France, ont des conseils à côté d'eux pour les guider. Le grand chef de l'État, l'Empereur, n'a-t-il pas un conseil privé et son conseil d'État? A côté des préfets je vois un conseil de préfecture et un conseil général; à côté du maire je vois le conseil de la commune; je trouve à côté du père de famille un conseil, un guide, c'est la mère : c'est elle qui peut souvent, par une douce persuasion, ramener son mari quand il s'égare. Pourquoi donc n'y aurait-il que le pouvoir de la presse périodique qui serait privé de conseil, pour le laisser s'abandonner dans le vague de toutes les imaginations qui écrivent.

La presse périodique, cette personne morale, si elle veut

le bien, si elle veut imiter toutes les autorités de l'Etat, ne doit-elle pas avoir un conseil qui l'empêche de s'égarer?

Tel est le moyen qui peut l'aider à remplir sa destination; alors elle s'élève et grandit, dans le cas contraire elle se dégrade et tombe.

Ah! croyez-le, la divinité a tracé au désordre une borne salutaire qui fait l'espoir des gens de bien; il est une loi inévitable à laquelle il n'échappera pas; toute puissance qui dégrade ceux qui lui sont soumis s'affaiblit elle-même et finit bientôt par s'anéantir.

On trouve dans la législation des Locriens une loi qui a une sorte d'analogie avec la loi sur la presse périodique, mais celle-ci est plus générale, plus paternelle; elle fut rendue à la suite de dissensions civiles que le législateur Zaleucus avait appaisées.

« Tout discours contre le gouvernement, contre la cité » fut défendu par cette loi. Un avertissement du magistrat » était d'abord adressé au citoyen digne de blâme; une pu- » nition aurait frappé à l'instant une récidive coupable. » (Voyez *Mémoires de l'Académie des Inscript.*, to. 42, p. 297)

En comparant la justice à la gravitation, nous avons vu de notre analogie dériver le principe absolu, que la justice est la limite de tous les pouvoirs, soit public, soit individuel ou collectif. Aussi avons-nous dit dans l'Art. 1er, *Du pouvoir et de la liberté*, que les limites de la liberté *sont la justice et le bien commun*.

Utachius, qui a écrit sur Homère, dit que dans l'île de Milet il y avait une fontaine qu'on appelait Asile, et que l'eau qui en découlait était *très salubre;* mais que lorsqu'elle était arrêtée, elle devenait *funeste*. Ne pourrait-on pas comparer la justice à cette fontaine? La justice est salutaire et utile aux hommes, lorsque personne n'en interrompt le cours, mais quand son cours est interrompu, l'on peut dire que l'oppression change la nature de la justice, et que, sous le même nom, elle produit des effets opposés.

Ami de la liberté, nous l'invoquerons sans cesse, non celle que les passions recherchent, celle que jadis les sectes préconisaient, mais celle que la raison découvre, que la justice avoue; celle qui, respectant les droits de tous, ne peut faire ombrage à la justice et à l'ordre public.

Espérons que toutes les nuances d'opinion dont la liberté est au fond la croyance finiront par se confondre, quand on saura bien distinguer de la licence la vraie liberté de l'homme, qui, ainsi que nous l'entendons, répond si bien aux sentimens intimes, réveille les passions généreuses, qu'on est si heureux de retrouver dans un temps d'anarchie ou de despotisme.

DE L'UTILITÉ ET DE LA JUSTICE.

RÉFUTATION DU CONTRAT SOCIAL DE J.-J. ROUSSEAU.

Les lois positives doivent faire en sorte de faire accorder ensemble l'utile et le juste dans la totalité des relations que les hommes peuvent avoir entre eux, afin d'allier toujours ce que le droit permet à ce que l'utilité peut prescrire.

L'utilité est variable; elle ne peut, dans toutes les sociétés, avoir le même objet, ni être opérée par les mêmes moyens; elle dépend des mœurs, des ressources et des besoins des peuples, du temps et des circonstances; mais la justice est immuable et universelle, elle est de tous les temps et de tous lieux. Ainsi la loi, dans son objet comme dans ses moyens, doit avoir pour base la justice.

La justice sert de limite à tous les pouvoirs, soit publics, soit individuels, à l'usage de tous les droits qui ne peuvent s'étendre au-delà de ce qui est prescrit par elle. L'homme lui doit sa liberté sans licence, l'égalité devant la loi, la garantie de sa personne et de sa propriété, et par suite cette *sécurité* qui est son premier bien, puisque son absence empoisonne tous les autres.

La loi ne serait pas juste si elle permettait à l'homme de faire tout ce qu'il veut, s'il pouvait nuire à ses semblables ou à la société dont il est membre.

La loi ne serait pas juste si elle avait des préférences, elle doit donc être égale pour tous, soit qu'elle protège, soit qu'elle punisse; cette égalité devant la loi est la *seule juste*, la *seule raisonnable*, la *seule possible*.

La loi ne serait pas juste si elle ne garantissait pas la sûreté des personnes et des propriétés, qui est l'origine et la fin des sociétés civiles et sans laquelle il y aurait impossibilité d'y maintenir l'ordre et la paix.

L'ordre et la paix sont une nécessité sociale, c'est le but qu'atteignent les sociétés humaines quand elles suivent leur cours régulier, les principes de la justice et du bien commun.

La loi est au-dessus de tous, elle veille pour tous; elle exerce au milieu des sociétés la justice comme la paternité universelle. De là nous devons conclure que la souveraineté du peuple ou de la force doit s'incliner devant la souveraineté de la justice.

La force ne doit jamais être séparée de la justice; elle est sans intelligence, seule elle n'est qu'un orage qui passe; mais la force unie à la justice est celle qui fonde et conserve les sociétés.

La justice a besoin de la force pour se faire respecter lorsqu'elle est méconnue, et à son tour la force a besoin de la justice, pour lui servir de guide, afin qu'elle puisse elle-même demeurer dans l'ordre pour produire le bien.

La souveraineté de la justice est antérieure aux empires et aux lois qui les gouvernent, elle vient de la nature ou de Dieu même ; la souveraineté du peuple vient des hommes, qui doivent respecter la justice comme une loi morale universelle, la plus conforme à leur nature et à leur destination.

La justice, dans l'ordre moral, est destinée à retenir les hommes dans la ligne des devoirs que les lois leur imposent, comme la gravitation, dans l'ordre physique, est destinée à retenir les corps célestes dans l'orbite qui leur est tracé par la Providence divine.

Cependant l'homme, dans son fol orgueil, a voulu s'arroger le droit de tout régler dans les sociétés humaines, et, méprisant les lois de la nature, il a proclamé *que la convention légitimait tout;* ce blasphème a retenti plus d'une fois dans les écoles de la Grèce, et il est venu à travers les siècles infester les ouvrages de quelques écrivains modernes, parmi lesquels on est affligé de trouver J.-J. Rousseau.

C'est dans le *Contrat social* de Rousseau, qu'on trouve développée la théorie de la souveraineté du peuple, et nous devons le dire, sans porter atteinte à sa gloire, ce beau génie est tombé dans les erreurs les plus graves, fruits de la métaphysique de son temps, et s'est contredit lui-même.

Suivant Rousseau, l'homme est né sauvage, c'est son état naturel ; il ne peut en sortir que par des conventions ; dans l'état social né de la convention, la volonté générale peut tout, la volonté de l'homme est souveraine, elle est *la règle du juste.* Rousseau détruit ainsi, sans le vouloir, toute moralité, toute vertu sociale, il n'aboutit qu'à fonder le despotisme populaire le plus fécond en actes tyranniques.

« Comme la nature, dit-il, donne à chaque homme un » *pouvoir absolu* sur tous ses membres, le *pouvoir social* » donne aux corps politiques un *pouvoir absolu sur les siens;* » ainsi, d'après ce principe, le peuple pourrait dire comme » Caligula : *tout m'est permis et contre tous.* »

Un éminent jurisconsulte-philosophe M. Troplong, a dit : *Je ne sais quel écrivain appelle ce livre le Code de la Démocratie; c'est le Code de la Barbarie qu'il fallait dire.*

Ce sont effectivement les principes puisés dans le *Contrat social* qu'on invoquait à une certaine époque pour justifier les lois les plus tyranniques, et il faut avouer que la théorie de Rousseau se prêtait merveilleusement aux conséquences qu'on en tirait.

L'homme est un être moral ; il a des droits et des devoirs indépendans de toute convention. Ses droits sont : la vie, la liberté, la propriété, l'égalité morale ; ses devoirs : le respect des droits de ses semblables. Ces droits et ces devoirs dérivent de la loi naturelle, qui prescrit à l'homme ce qui convient le mieux à son organisation, à ses facultés, à ses besoins, à tout ce qui doit le diriger vers l'objet de sa destinée. C'est elle qui détermine le véritable intérêt de tous et qui, par la justice et la vertu, le conduit au bonheur, objet constant des sociétés humaines.

Les hommes peuvent sans doute régler convenablement les garanties de ces droits comme de ces devoirs par des lois conformes à la justice, à l'ordre, suivant l'esprit, les mœurs de ceux qui composent la société ; mais voilà le cercle où peuvent s'exercer leurs pouvoirs, cercle qu'ils n'ont jamais franchi impunément, au-delà duquel se trouve le vaste océan de l'anarchie ou du despotisme.

Depuis longtemps, il y a la diversité d'opinion sur la forme la plus avantageuse au gouvernement d'un état ; ces opinions ont divisé les hommes, on leur a attribué une efficacité qu'elles n'ont pas. Si on avait consulté les faits rapportés par l'histoire, on aurait vu qu'elles naissaient naturellement de l'esprit général d'une nation comme du cours général des choses.

Du reste, une nation n'est pas libre parce qu'elle a des formes démocratiques, ni esclave parce qu'elle a des formes monarchiques ; elle est libre si les citoyens y jouissent de la *sécurité* ; s'ils tremblent pour leur personne ou pour leur propriété, elle est esclave. *Sécurité*, voilà le trait caractéristique de la vie sociale, que les sociétés ne peuvent conserver que lorsque le pouvoir et la liberté se maintiennent dans les limites de leurs destinations respectives, d'après leurs conditions d'existence, c'est-à-dire *de la justice qui les règle, de la sympathie qui les fonde et de la charité qui les maintient.*

La Charité n'est que la pratique de la sympathie recommandée par la religion. C'est de tout cela que dérivent les causes constantes de l'ordre social ; elles sont aussi nécessaires à son existence que la gravitation universelle l'est à l'ordre physique de la nature.

Attachons-nous donc à *la vérité*, respectons *la justice et sa bonne compagne la sympathie*, ces dons célestes ne disparaîtront pas du milieu des hommes ; *les erreurs des hommes, le temps les reprendra, mais la justice et la sympathie sont éternelles.*

DE LA RELIGION,

Considérée en elle-même, comme sanction des lois de l'ordre des sociétés humaines.

I.

Nous avons dit : Dieu n'est pas incompréhensible; il se réfléchit dans ses ouvrages comme la cause dans ses effets; les cieux manifestent sa grandeur, sa puissance, son intelligence infinie; elle éclate encore dans l'harmonie de ses lois physiques et morales, dans l'unité de plan que l'analogie nous a révélée.

« Qu'on étudie, dit Fénélon, le monde tant qu'on voudra; qu'on descende au dernier détail; qu'on fasse l'anatomie du plus vil animal; qu'on regarde de près le moindre grain de blé semé dans la terre, et la manière dont ce germe se multiplie; qu'on observe attentivement les précautions avec lesquelles un bouton de rose s'épanouit au soleil et se referme vers la nuit : on y trouvera plus de dessein, de conduite et d'industrie que dans tous les ouvrages de l'art. Ce que l'on appelle même l'art des hommes n'est qu'une faible imitation du grand art qu'on nomme les lois de la nature, et que les impies n'ont pas eu honte d'appeler le hasard aveugle. »

« Dieu a mis les hommes ensemble dans une société où *ils doivent s'aimer et s'entre-secourir comme les enfans d'une même famille qui ont un père commun.* Chaque nation n'est qu'une branche de cette famille nombreuse qui est répandue sur la face de toute la terre. L'amour de ce père commun doit être sensible, manifeste et inviolablement régnant dans toute cette société de ses enfans bien-aimés. Chacun d'eux ne doit jamais manquer de dire à ceux qui naissent de lui : Connaissez le Seigneur qui est votre père. »

« ..... Ces enfans de Dieu ne sont sur la terre que pour connaître sa perfection et accomplir sa volonté; que pour se communiquer les uns les autres cette science et cet amour céleste. »

« ..... Il faut donc qu'il y ait entre eux une société de culte de Dieu; c'est ce qu'on nomme *religion* : c'est-à-dire que tous ces hommes doivent s'instruire, s'édifier, s'aimer les uns les autres, pour aimer et servir le père commun. Le fond de cette religion ne consiste dans aucune cérémonie extérieure; car elle consiste tout entière dans l'intelligence du vrai et dans l'amour du bien souverain. »

« ..... Mais il ne suffit pas de connaître Dieu; il faut montrer qu'on le connaît, et faire en sorte qu'aucun de nos frères n'ait le malheur de l'ignorer, de l'oublier. Ces signes sensibles (du culte) ne sont que des marques par lesquelles les hommes sont convenus de s'édifier mutuellement et de réveiller les uns les autres le souvenir de ce culte qui est au-dedans. De plus, les hommes, faibles et légers, ont souvent besoin de ces signes sensibles pour se rappeler eux-mêmes la présence de ce Dieu invisible qu'ils doivent aimer.... »

« Voilà donc ce qu'on nomme religion, cérémonies sacrées, culte public du Dieu qui nous a créés. Le genre humain ne saurait reconnaître et aimer son Créateur sans montrer qu'il l'aime, sans vouloir le faire, sans exprimer cet amour avec une munificence proportionnée à celui qu'il aime, enfin, sans s'exciter à l'amour par les signes de l'amour même. »

II.

La sanction des lois naturelles réside dans la conscience, qui fait jouir l'homme d'un plaisir intérieur inexprimable lorsqu'il obéit à ces lois, et dans le remords qui déchire le cœur du criminel, qui ne peut se fuir lui-même. Mais l'homme ne suit pas toujours les avis secrets de sa conscience ; il n'écoute pas toujours sa raison ; il est des actions, proscrites par les lois positives, dont il peut dérober la connaissance aux hommes, qui ne peuvent, en conséquence, être réprimées par l'autorité des magistrats. C'est alors qu'il faut recourir à ces grandes peines, à ces grandes récompenses dans une vie future, je veux dire à la religion, qu'il faut maintenir, protéger, non-seulement à cause de son utilité, mais de l'étroite liaison qui existe de l'homme à Dieu.

La religion, humainement parlant, est le frein de ceux qui ne craignent pas les lois humaines et qui n'écoutent pas la voix de leur conscience. Il y a donc une alliance réelle et nécessaire entre les lois positives, les lois naturelles et la religion.

Le législateur est pour le citoyen d'un Etat ce que la Providence est pour la généralité des peuples ; et puisqu'elle ne rejette pas les vœux offerts avec des intentions pures, qu'elle souffre la diversité des cultes, à son exemple, le législateur doit laisser aux citoyens la liberté de conscience, dont les vœux, plus libres, n'en sont que plus purs et plus respectés.

Voici ce que Fénelon recommande sur toute chose au fils de Jacques II, roi d'Angleterre : de ne jamais forcer ses sujets à changer de religion : nulle puissance humaine, disait-il, ne peut forcer les retranchemens impénétrables de la liberté du cœur. La force ne peut jamais persuader les hommes; elle n'en fait que des hypocrites. Quand les rois se mêlent de religion, au lieu de la protéger ils la mettent en servitude. *Accordez donc à tous la liberté civile, non en approuvant comme indifférent, mais en souffrant avec patience tout ce que Dieu souffre, et en tâchant de ramener les hommes par une douce persuasion.*

III.

M. Salvandy expose avec une rare éloquence, dans un discours à l'Académie française, la nécessité de la religion. Il montre que le dix-huitième siècle, qui a voulu étouffer dans l'âme humaine le principe saint, le besoin de foi et d'espérance que la philosophie antique y a reconnu et célébré sans pouvoir le satisfaire, que la foi chrétienne a célébré et constitué, qui est la vie de l'homme et le fondement de la vie des États; et que comme il a répudié en même temps toutes les traditions, les idées, les institutions qui étaient les points d'appui de l'autorité et les points d'arrêt des nations, il devait rendre également impossible après lui, sur le sol mouvant des faits, *le pouvoir et la liberté.*

En parlant des prix Monthion pour les actes de vertu, il dit : De quels élémens précis se compose la vertu? Quel mélange des imperfections humaines pouvait-elle supporter sans perdre son nom et ses droits? L'œil des hommes découvre-t-il les mobiles cachés qui font le vrai caractère et la moralité des actions humaines? Quel autre juge, pour les pénétrer sûrement de son regard, que celui qui sait et qui voit tout ? C'est par toutes ces raisons que dans les sociétés chrétiennes on n'avait admis jusqu'alors, pour la rémunération des œuvres de l'homme, d'autre arbitre que Dieu lui-même : le juge était infaillible, le mérite certain, la récompense infinie. Elle avait provoqué au bien tous les hommes, pendant toute la vie, par le seul attrait du bien lui-même. La religion se chargeait de nous faire entendre, tous les jours et à toutes les heures, l'arrêt destiné à retentir dans l'éternité.

J'ajouterai que, chez les gens du grand monde, les heureux du siècle, la vertu est quelquefois difficile à reconnaître, lorsqu'elle n'a pas Dieu pour principe et pour fin; que si elle se transforme en moyens, elle ne présente souvent qu'un mélange d'épicurisme et de vertu; que pour les personnes bien élevées, qui se conduisent avec toutes les délicatesses du désintéressement, non par l'élévation d'âme à Dieu, mais par sensibilité de goût, et qui répugneraient à l'égoïsme comme aux mauvaises odeurs, la vertu peut être quelquefois séduite par le vice en se couvrant de fleurs et de parfums. Voilà ce qui a pu faire attribuer principalement l'affaiblissement de la religion à une cause indirecte, éloignée, *partie de l'innocente utopie du royaume de Salante*, quand il existait des causes plus fortes, plus directes, plus générales, qui nous ont été révélées par l'histoire. Elle nous montre, en effet, que le règne de Mme de Maintenon avait amené celui de Mme de Pompadour; qu'après la révocation de l'édit de Nantes, des philosophes, des grands esprits crurent pouvoir combattre l'intolérance et la superstition pour servir la cause de l'humanité, mais qu'ils avaient ébranlé la religion elle-même et relâché tous les liens sociaux; que ces discussions s'étant envenimées, survint des sophistes, prédicateurs du néant; et ce fut alors que l'indifférence de la religion partit de la classe élevée de la société, se répandit presque partout; Dieu semblait s'être voilé. Nous ne voyons pas encore comment l'esprit tolérant de Fénélon aurait pu produire de si funestes résultats, malgré *son innocente utopie du royaume de Salante*, ce beau poème de la *piété filiale*, fondement du bonheur et de l'ordre des familles, et de la société qui les comprend toutes.

Au reste, ce n'est pas une critique que je fais, mais ce sont des jalons que j'échelonne.

Toutes les vérités qui contribuent au bonheur des hommes ont une origine commune; on trouve en elles une espèce d'affinité entre les vues générales de l'administration, de l'esprit des lois, de la morale et des opinions religieuses.

Après avoir établi les causes de l'ordre dans les sociétés humaines, nous sommes amenés à reconnaître que la preuve de l'existence d'un Être suprême lie l'organisation de la race humaine à cet Être puissant qui offre la cause de tout ordre, le mobile universel de lumière et la nécessité de la religion dans un État.

Les lois qui gouvernent les sociétés ont pour but le plus grand bien des particuliers qui les composent, la sécurité de leurs personnes et de leurs propriétés, l'ordre public et des bonnes mœurs. Mais ces lois, comme les gouvernemens qui les appliquent, ne peuvent parvenir à ce but que par des moyens généraux.

La religion, pour atteindre le même but, suit une marche différente; ce n'est pas d'une manière vague et générale qu'elle influe sur le bonheur des individus qui composent la société; elle s'adresse à eux un à un; comme un bon père de famille, elle cherche à pénétrer dans le cœur de chacun d'eux pour y verser des consolations et des espérances.

La religion est la base nécessaire de la société, encore plus

que l'unique appui de l'âme contre la douleur, qu'un remède pour appaiser celle de notre âme, de notre condition,
de notre ambition,

La religion a sur la morale tous les avantages du sentiment sur la raison. Elle domine tous les intérêts, toutes
les affections, toutes les pensées. La morale conseille la
justice, la bienfaisance, la tolérance et toutes les vertus ;
la religion fait plus, elle les recommande, les encourage, les
récompense ; elle donne un but à tous les efforts, à l'accomplissement des devoirs, en lui assignant un prix hors
de l'atteinte du caprice et de l'injustice des hommes ; elle
donne des consolations que la raison seule ne pourrait
donner.

Chez les femmes, où le sentiment a plus d'influence que
la raison, le sentiment religieux se développe avec une plus
grande énergie pour toutes les *vertus actives, le zèle, l'amour
de l'humanité, le renoncement à soi-même ;* en un mot, la religion produit chez elles ce miracle de dévoûment des
Sœurs de la Charité, que tout le monde admire, que tout le
monde vénère.

Croyez-vous que l'idée du néant pourrait inspirer à
l'homme des sentimens si purs, si vrais, lui inspirer plus
de *zèle,* plus d'amour pour l'humanité ? L'idée de Dieu et
de l'immortalité de l'âme est un rappel à la *justice,* à la
sympathie, à la *charité.* Elle est conforme aux besoins de
tous, en harmonie avec les devoirs, les droits, la dignité
de l'homme ; la sanction des lois naturelles et positives ;
bien plus, la sanction même de toutes les causes constantes
de l'ordre des sociétés, que nous avons énumérées.

La religion est la profonde et éternelle raison de Dieu,
créateur de l'univers, et de la race humaine. Elle unit la
liberté, qui vient du Ciel, avec la foi ; ces deux com-
pagnes marchent ensemble pour aider l'homme à satisfaire ses besoins physiques et moraux dans cette vie, et
pour lui donner des consolations et l'espérance d'un
bonheur plus grand dans la vie future.

La religion environne le système moral tout entier ; elle
ressemble à cette cause universelle, la gravitation, qui
contient les mondes dans leur orbite et les assujettit à une
marche régulière. Elles ont le même principe, Dieu ; la
même fin, l'ordre. La gravitation, comme la religion,
échappe encore à l'attention des hommes, et ces deux forces paraissent à leurs propres yeux comme étrangères à
l'harmonie universelle qu'elles produisent. A cet égard,
nous ressemblons assez à ce bourgeois-gentilhomme qui
faisait de la prose, depuis 40 ans, sans en rien savoir.

Bacon a dit : Si un peu de philosophie semble nous éloigner de la religion, beaucoup de philosophie nous y ramène.

La religion et la philosophie ont toutes deux été accusées pour l'abus qu'en avaient fait les hommes. Leur justification et leur commune gloire ne peut dépendre que de leur union. Il appartient à notre époque éclairée de la double expérience de ces abus, de tenir la balance de la tolérance qui tend à la paix; et de cette grande alliance naîtra cette vive lumière qui fera jaillir ces vérités qui sauvent les peuples, et disparaître les fantômes d'erreurs qui les détruisent.

DE LA PHILOSOPHIE.

La philosophie a pour but de découvrir la vérité, et de la démontrer lorsqu'elle est connue. La méthode pour y parvenir est donc à la fois un instrument de découverte et de démonstration. L'art de découvrir ne fut, chez les anciens, que l'art d'observer, et la seule observation n'atteignant pas toujours toutes les circonstances des phénomènes, ils suppléèrent à l'observation par le raisonnement, qui lui-même n'y supplée que par des conjectures.

Les anciens, à défaut d'expérience, furent forcés d'omettre ou de suppléer tour-à-tour; leur philosophie fut donc incomplète et hypothétique.

Les causes productives des phénomènes sont si souvent entrelacées entre elles, qu'il est difficile de découvrir toutes les circonstances qui les produisent. Cela est vrai pour les sciences physiques comme pour la science sociale.

Le vide produit par l'observation rend l'expérience indispensable. Si une circonstance est évidente, l'observation la trouve; si elle est cachée, l'expérience la démontre. C'est ainsi qu'après plusieurs révolutions, l'expérience nous a révélé l'influence de la religion sur les causes de l'ordre des sociétés; c'est ce qu'a avoué M. Salvandy dans son beau discours cité *page 66*, et nous en avons tenté la démonstration.

La méthode expérimentale n'a pas d'autres vues que de découvrir toutes les circonstances des phénomènes. Les faits, ainsi décomposés et recomposés, nous révèlent leur mutuelle dépendance, leurs rapports, qui s'élèvent par degrés, par l'induction, à des rapports de plus en plus étendus, jusqu'à ce qu'enfin on arrive à la loi dont ils dérivent, à leur condition d'existence, sauf ensuite à vérifier ces lois par des expériences décisives ou des démonstrations.

Cette méthode philosophique est celle de Bacon, ce promoteur si éloquent de la vraie méthode expérimentale;

c'est aussi celle de Newton, de Laplace, de Cuvier, et Flourens, de l'Institut.

On appelle esprit philosophique, cet esprit qui dérive de
cette méthode à qui nous devons toutes nos découvertes,
parce qu'il est le principe agissant de la philosophie pratique. On peut le définir : un esprit de recherche qui veut
tout voir et ne rien supposer, qui ne s'arrête pas aux effets,
qui remonte aux causes, qui unit toutes les parties pour en
former un tout complet. C'est l'esprit des grands hommes
que je viens de citer : de Descartes pour la morale ; de Montesquieu pour la science sociale ; de Portalis, etc. ; de Platon, ce Newton de la morale, inimitable dans le *Gorgias*,
le *Banquet*, le *Phédon* ; c'est dans l'astronomie que Platon
avait puisé ces vues de l'infini, cette foi dans une vie future.
L'athéisme, cette maladie de l'âme, dit Lamartine, ne peut
naître qu'à l'ombre, dans l'irréflexion et les vertiges des
cités de l'Occident. Le soleil tue l'athéisme, comme ces
poisons froids qui ne germent que dans la nuit. (Voyez son
Artar).

Quant à Aristote, il avait connu la méthode scientifique
expérimentale de Bacon : l'*induction*, mais il faut avouer
que les faits sur lesquels elle est fondée sont plus fugitifs,
plus complexes que ceux des sciences naturelles. Cependant, c'est par cette méthode qu'Aristote se montra supérieur à Platon dans la science sociale pratique.

Cicéron, le plus sage des philosophes anciens, était imbu
de la méthode philosophique par ses sentimens, par une
raison très-élevée et son grand génie. On peut résumer sa
doctrine en ces paroles : *les familles, les cités, les nations, le
genre humain, ne peuvent subsister sans lois :* le monde obéit
à Dieu, et la vie des hommes est soumise au commande-
ment d'une loi suprême.

Depuis Cicéron, le génie de l'homme, aidé par le temps,
est parvenu à remplacer tout ce qu'il y avait de beau dans
l'imagination des philosophes par des réalités bien autrement merveilleuses, qui sont venues donner une nouvelle
certitude aux nobles pressentimens de la sagesse antique,
de plus fortes preuves sur ce qu'elle avait pensé de la puissance et de la grandeur de Dieu. C'est dans l'exposition
du système du monde qu'on découvre ces grandes mer-
veilles ; c'est en étudiant la mécanique céleste qu'on est
frappé d'admiration, études qui, par leurs difficultés,
peuvent être considérées comme le dernier terme de la perfection des méthodes scientifiques, qui présente le plus
haut degré de certitude auquel l'esprit humain puisse atteindre ; de même, par la profondeur de son sujet, la mécanique céleste semble communiquer à la pensée humaine

une force, un éclat qu'elle n'a jamais atteint dans ses autres conceptions.

Si j'ai considéré la religion comme l'ancre la plus nécessaire au salut des sociétés humaines, ce n'est pas au nom de la philosophie que je l'ai fait, mais au nom de la société que ses effets intéressent. Recommander la croyance en Dieu et le dogme sublime de l'immortalité de l'âme comme un frein salutaire, utile aux lois, c'est une vue courte qui n'est pas digne; elle ne peut même suffire à y parvenir. Si l'on renvoie la religion au peuple, le peuple ne la reçoit pas. Ce n'est pas sur la base de l'intérêt qu'est fondée la religion, mais sur la vérité, sur les sentimens de la dignité de l'homme. Telle est la base de l'alliance de la philosophie avec la religion, et c'est ainsi que l'une et l'autre peuvent s'élever aux vérités éternelles.

Je saisirai cette occasion pour répondre aux questions qui m'ont été faites. On me demande quelle est ma philosophie. On le voit maintenant : je cherche le vrai et l'honnête. Mais si l'on veut savoir sous quel drapeau je marche, je répondrai que je n'ai point de maître, que je n'ai juré obéissance à personne. Hôte passager de la terre, je m'arrête, non, comme le dit le poète latin, où me jette la tempête, mais où me conduisent la conscience et la raison.

Sans doute, il peut paraître peu modeste que nous combattions de grands philosophes au nom de la philosophie, de grands publicistes, des législateurs même, au nom des lois. Mais s'il y a de l'audace dans cette entreprise, j'espère qu'on me la pardonnera en faveur de l'importance de la matière. D'ailleurs, on pourra juger si j'ai réussi à la justifier par mes raisonnemens.

Au reste, nous avons pensé qu'il était utile de noter les erreurs des grands esprits; quant aux erreurs des esprits ordinaires, comme les nôtres, elles ne sont pas contagieuses.

Nous avons cherché à remonter à l'origine des sociétés humaines, parce que, dans les vérités morales comme dans les vérités mathématiques, il y a une chaîne de principes et de conséquences qu'il faut saisir, sans quoi on marche souvent à tâtons ou au hasard.

Si, dans les sciences mathématiques, les conséquences les plus éloignées participent de la certitude des principes dont elles émanent, dans les sciences morales et politiques les conséquences déduites de celles qui précèdent ne sont que probables, et cette probabilité s'affaiblit à chaque conséquence.

Ceci est très-vrai si on ne consulte que la raison; mais si, dans les choses sur lesquelles on doit raisonner, il s'agit de la morale humaine, alors, d'après nos principes, nous ne consultons pas seulement la raison, mais la conscience et le sentiment, qui sont un guide, un appui qui ne trompe pas. (*Voyez page 11 et pages 46 et 47.*)

L'homme ne doit donc pas se priver de cette lumière, son guide dans la vie. D'ailleurs les sentimens n'excluent pas l'expérience qui peut atteindre l'effet qu'ils produisent; mais dans la science sociale on considère l'histoire comme la physique expérimentale des nations. Le législateur agit par ses indications, comme le navigateur se sert des cartes marines et de l'observation des astres. La sagesse humaine a besoin de tant d'expérience ! Il importe aux nations de connaître comment, de toute antiquité, les puissances factieuses ont troublé les sociétés, et par quels moyens le pouvoir bienfaisant de la justice et de la sympathie ont su prévenir ou réprimer leur choc impétueux, concilier les différens intérêts des hommes. Mais, heureux celui qui, au milieu des causes variables et accidentelles que présente le mouvement des actions humaines, peut parvenir à découvrir ces causes constantes de l'ordre des sociétés, et procurer ainsi au peuple le seul bien auquel il puisse aspirer sur cette terre.

DE L'ESPRIT PHILOSOPHIQUE, DANS SES RAPPORTS AVEC LA LÉGISLATION.

Il est bien reconnu aujourd'hui que les sciences se prêtent des secours mutuels, que c'est en vain qu'on tenterait de mettre des barrières entre elles; il est sans doute raisonnable de les considérer chacune à part, mais il ne faut jamais oublier que, si nous connaissons des vérités qui nous semblent isolées, c'est que nous n'apercevons pas le lien qui les réunit. Parmi celles qui ont un très-grand nombre de rapports, on doit mettre sans doute la philosophie, la législation et la science sociale. En effet, tout ce qui appartient à l'homme en société est du ressort de la philosophie : ce qu'il se doit à lui-même, ce qu'il doit à ses semblables, à ses concitoyens, à sa patrie, c'est la philosophie qui le lui enseigne. La loi, par des dispositions rigoureuses mais nécessaires, effraye le méchant qui serait tenté de nuire à la société, met des entraves au fourbe rusé qui voudrait en troubler l'harmonie; mais la loi, dans un style concis et laconique, se contente de défendre et d'ordonner, elle ne rend pas raison de ses motifs. Cependant, d'après la judicieuse remarque d'un célèbre jurisconsulte, ce n'est point connaître les lois que de n'en savoir que les termes. Où puiser donc ces motifs et cette connaissance de l'esprit des lois, si ce n'est dans l'étude même de la philosophie? C'est elle qui nous les indique, qui discute avec sagacité et profondeur tous les devoirs de l'homme, qui entre dans tous les détails et qui met dans le plus grand jour les principes immuables de la morale la plus épurée; semblable à une mère tendre et craintive, la philosophie, par son doux langage, nous sollicite, nous presse de faire notre propre bonheur en concourant à celui de nos semblables. La loi, au contraire, comme un père dur et inflexible, ordonne, menace et punit.

Je dis plus: les lois doivent tout à la philosophie; oui, c'est d'elle que les lois tiennent leur être. C'est dans les préceptes des sages qui l'ont cultivée que les jurisconsultes ont puisé leurs plus saines maximes. Qu'on parcoure, en effet, les lois romaines, ce chef-d'œuvre de la législation, elles offrent la preuve convaincante de ce que j'avance : tantôt c'est le langage du stoïcien Chrisippe qu'elles empruntent; tantôt celles du rigide et vertueux Caton. Qu'on lise dans Sénèque, dans Cicéron les principes des *Stoïciens* sur l'usure; ce sont les mêmes que les jurisconsultes romains ont adoptés; que l'on compare ce que les *Stoïciens* ont enseigné sur les mariages, sur la puissance paternelle, sur la foi des contrats, sur la religion des sermens, et l'on sera forcé de convenir que les jurisconsultes ont tout emprunté des philosophes. Et comment la philosophie serait-elle une science étrangère à celle des lois, puisque les plus grands législateurs ont été philosophes, et que ce sont les plus purs principes de leur morale qu'ils ont consacrés dans leurs lois. L'histoire de tous les temps et de tous les lieux nous en instruit. Ouvrons ce dépôt sacré des vertus et des vices des hommes et nous y verrons Zoroastre donnant des lois à la Perse, Solon à Athènes, Lycurgue à Lacédémone. Jetons les yeux sur cette ville à jamais célèbre, l'effroi et l'admiration de l'Univers : Rome nous présente une foule de philosophes parmi les jurisconsultes les plus célèbres, tels que les Papinien, les Ulpien, les Scévola, tous professant la philosophie du Portique, qui s'adapte merveilleusement au gouvernement des sociétés civiles et politiques.

Fixons maintenant nos regards plus près de nous. Sous le règne de Jacques Ier, l'Angleterre voit éclore des lois dignes des plus beaux âges, et c'est à François Bacon qu'elle en est redevable. Ce grand homme pénètre le dédale des lois et y porte le flambeau.

En France, qui le croirait, c'est du règne de Charles IX, de ce règne de troubles, de fanatisme et de sang, que datent nos plus belles ordonnances; une divinité tutélaire veillait dans ces temps de discorde sur cette vaste monarchie, un philosophe opérait ce prodige, le chancelier de Lhospital; ce grand homme fesait entendre la voix de la justice malgré le bruit des factions; il inspirait à un roi sanguinaire des édits pleins de clémence et d'équité.

C'est encore la philosophie qui a enfanté l'ouvrage immortel de l'*Esprit des lois* et mérité au président de Montesquieu le titre de législateur des nations.

Nous ne parlerons pas de la philosophie qui a guidé nos modernes législateurs sous Napoléon Ier. Elle est empreinte dans leurs discours comme dans les conférences au conseil d'Etat; elle a été parfaitement décrite par le plus grand des jurisconsultes, philosophe et homme d'Etat, par M. Troplong, dans une note insérée au commencement de son *Traité de la vente*.

Revenons sur la doctrine du Portique et parlons d'abord de la définition de la loi qu'en a donnée Cicéron d'après Chrisippe: *La loi n'est point, dit-il, une invention humaine, mais quelque chose d'éternel qui gouverne l'Univers, en nous montrant dans la sagesse ce qu'il faut faire ou éviter. C'est Dieu même qui commande ou défend; c'est à cette origine sacrée que la loi donnée par la Divinité au genre humain doit sa perfection; elle n'est autre, en effet, que la raison ou l'esprit du sage* (1).

Parmi tous les êtres animés, l'homme seul est capable de raison et de pensées. Mais y a-t-il dans la nature rien de plus divin que la raison (2), dont la perfection prend le nom de sagesse! Mais cette raison, qui est la loi, ne se trouve que dans Dieu et dans l'homme. Elle est donc, entre l'homme et Dieu, le premier lien.

L'homme est un composé d'un corps matériel et périssable

(1) J'ai remarqué chez les anciens que le mot *raison* seul est un terme général qui comprenait la conscience et les sentimens, tout ce qui distinguait l'homme des animaux. Ce n'est pas la raison, dit Aristote, qui est le principe de la raison, mais quelque chose de plus élevé qui se fait sentir par la vertu. *Phi. mor. ad. Eud, Libro 7, Cap. 14.* C'est cette erreur qui a donné naissance à la secte des rationalistes.

(2) Ne voyons-nous pas que l'homme est parvenu à s'emparer des forces de la nature? et qu'il a disposé du poids et du mouvement de l'air et de l'eau; qu'il fait servir à ses desseins l'élasticité de la vapeur ou plutôt celle du feu lui-même, qui pénètre et anime l'Univers, cause perpétuelle et infinie de puissance et d'action; mais cet empire sur les élémens et les forces naturelles n'est-il pas un des principaux attributs de la raison humaine et le témoignage le plus éclatant de la sublimité de sa source. La raison humaine n'est-elle pas une perspicacité plus grande, plus élevée, une espèce de prescience? *Voyez la Mécanique céleste, les Mémoires de MM. Leverrier, Cuvier, etc, etc.*

et d'une âme qui vient de Dieu, et c'est par cela qu'on peut nous appeler la famille, la lignée des êtres célestes. Aussi, de tous les animaux, l'homme est-il le seul qui ait quelque idée de la Divinité. Quant à la vertu, qui ne se trouve en aucun autre esprit, qui n'est autre *qu'une nature perfectionnée*, ne nous montre-t-elle pas une sorte de ressemblance avec cette grande nature si parfaite qui l'a créée? Est-il donc une parenté plus étroite et mieux établie?

Rien de plus semblable à l'homme que lui-même. La raison qui nous distingue des animaux nous est commune. La science est différente, il est vrai, mais les facultés pour l'acquérir sont les mêmes.

Les hommes aiment naturellement la justice et leurs semblables, et, sans ces sentimens primitifs, que deviendrait la société? Que deviendrait la bienveillance, la libéralité, la piété filiale, la reconnaissance, l'amour de la patrie et toutes les vertus? Mais les hommes ne se ressemblent pas seulement par l'amour du bien, mais encore par le mépris et la haine du mal; et cet accord de sentiment ne nous indique-t-il pas les causes de l'ordre des sociétés?

Qu'y a-t-il de plus honteux, disent les *Stoïciens*, que l'*avarice*, de plus méprisable que la *lâcheté*; quant à la *volupté*, appât du vice, il est vrai, elle nous offre l'apparence du bien qui nous charme et nous séduit, mais trompe ainsi ceux qui la prennent pour une chose salutaire.

Comment! toutes les *voluptés!* celle même de la découverte de la vérité, celle qu'éprouva Archimède lorsqu'il découvrit dans le bain la solution du fameux problème de la pesanteur spécifique des corps, et qui, dans son enthousiasme, traversa nu la ville de Syracuse en criant: *Je l'ai trouvé!* Non, les *Stoïciens* n'avaient en vue que le plaisir des sens. Serait-ce donc ce moyen qu'emploie la nature pour la perpétuité de l'espèce? Mais voyez page 3, vous y verrez que l'union de l'homme et de la femme doit exister sans cesse pour concourir à ses fins, l'éducation des enfans, et que, dès-lors, ces unions passagères, accidentelles ne pouvant parvenir à ce but, les remords qu'elles produisent, les peines qu'elles entraînent forment un mélange qui ne peut vraiment se qualifier de plaisir.

Les *Stoïciens*, qui professaient le dernier rameau de la philosophie de Socrate, invoquèrent dans la décadence des croyances anciennes, que le christianisme devait remplacer, au milieu de la corruption et de l'anarchie universelle, les principes immuables de la morale et le courage, afin de traverser sans tache cette époque la plus souillée de l'histoire, ou de lui échapper par la mort.

Si nous comparons cette époque à celles que nous avons

traversées, ne pourrait-on pas en tirer cette lumière, la nécessité d'une religion fondée sur l'unité de Dieu et les vérités éternelles. La religion, même la plus imparfaite, est
encore le plus sûr garant des mœurs, parce que les habitudes sont plus puissantes que les principes; et si la philosophie parvient à saper les croyances populaires, les sophistes sapent, à leur tour, la philosophie; et dès-lors, au
sein même d'une société civilisée, tout devient probléma-
tique, hors *l'égoïsme et la jouissance des sens*, vrai danger de
toute société.

Il n'y avait pas de loi écrite, dit Cicéron, qui ordonnât à
un homme de résister seul à toute une armée, jusqu'à ce
que, derrière lui, on eût coupé un pont. Horatius Coclès,
dans ce dévoûment admirable, obéit aux inspirations du
courage. Mais Cicéron, dont la passion dominante était
l'amour de la patrie et de la gloire, ne se serait-il pas fait
illusion en considérant cette action comme *évidemment* fondée sur la loi? Non, les Romains avaient été provoqués. Au
reste, le *vrai courage* n'est pas excité par la haine, le désir
de la vengeance, mais par l'amour de la patrie, de la justice ou de l'humanité; c'est la loi de l'homme qui tire son
semblable des flammes ou des flots, des mains d'un assas-
sin, qui affronte le danger d'une épidémie, qui se dévoue
pour ses proches et pour son pays. Voilà le vrai courage, il
est pur, il se recommande éternellement à la mémoire des
hommes, il ne dérive point de cet intérêt étroit de notre
conservation physique, mais de quelque chose de plus
élevé, et les passions qui en dérivent sont plus nobles,
plus désintéressées.

Il y a dans l'homme un sentiment très-profond, très-
puissant, c'est le sentiment de tout ce qui est beau, de
tout ce qui est grand, de tout ce qui est honorable; c'est
l'amour de soi, ennobli par le sentiment de la supériorité
de caractère, le besoin de l'estime de ses semblables, le
besoin plus intime, plus puissant encore de l'estime de
soi-même, qui est la sauvegarde de sa dignité; c'est un
principe moral, un principe actif, mis au plus haut prix,
qui fait les héros, les grands hommes.

Nous venons de voir quelles sont les actions produites
par le courage qui se recommandent éternellement à la
mémoire des hommes. Nous avons parlé, *page 4*, du mérite des actions humaines qui ont leur siège dans la volonté; ce mérite dérive de la moralité de l'acte et non de l'événement de l'action.

J'expose ma vie pour sauver celle de mon semblable:
quoique l'événement trompe mon attente, j'ai fait le bien.

La Providence, en faisant dépendre de notre volonté le

bien moral, a voulu nous soutenir par la perspective du succès ; car, si je me propose avant tout de faire le bien, j'agis sans aucune perplexité pour ce but, je suis certain de ne pas le poursuivre en vain. Combien ne devons-nous pas admirer la Providence qui a mis en notre pouvoir et à notre portée la pratique du bien moral et nous a facilité les moyens de l'atteindre, sans avoir besoin de recourir à ces maximes abstraites, par exemple à celle de Kant, puisque les ordres intimés à chaque homme sont assez simples pour être compris par le simple bon sens, qui ne trompe pas ; mais ce qui trompe, ce sont ces principes qui placent les desseins de Dieu dans l'évènement au lieu de le placer dans la moralité de l'acte qui nous prosterne devant le succès, comme l'enseignent M. de Maistre et ses adeptes, au lieu de nous prosterner devant la justice et le bien moral.

DE L'HARMONIE DES LOIS ET DES INSTITUTIONS HUMAINES
AVEC LES CAUSES CONSTANTES DE L'ORDRE DES SOCIÉTÉS.

PREMIER ARTICLE.

Les lois positives doivent faire en sorte de faire concourir ensemble l'utile et le juste dans la totalité des relations que les hommes peuvent avoir entre eux, afin d'allier toujours ce que le droit permet à ce que l'utilité peut prescrire.

L'utilité relative est variable ; elle ne peut, dans toutes les sociétés, avoir le même objet, ni être opérée par les mêmes moyens ; cela dépend des mœurs, des ressources et des besoins des peuples, des temps, des lieux et des circonstances ; mais la justice est immuable et universelle, elle est de tous les temps, de tous les lieux. Ainsi les lois, dans leur objet comme dans leurs moyens, doivent avoir pour base la justice.

Il y a deux sortes d'utilité ou de bien, le bien *matériel* et le bien *moral :* le bien *matériel*, c'est-à-dire la santé, la fortune, les richesses, le bien-être ; le bien *moral*, c'est-à-dire la bonté, la vérité, la justice, les bonnes mœurs. Pour le maintien de l'ordre, le Gouvernement doit donc tendre à réunir, à mettre en harmonie ces deux espèces de bien, comme nous l'avons vu pour l'homme et pour la famille.

Nous avons vu, *page 6*, que les lois de la nature ne séparent pas le bien physique du bien moral, et que l'homme dans ses actions, comme le législateur dans ses lois, doivent tendre à conserver ces deux espèces de biens et l'harmonie qui existe naturellement entre eux. Mais si les lois positives n'ont pas directement pour objet la perfection morale des individus, elles s'en occupent cependant indirectement par des institutions, parce que cette perfection morale tend à prévenir le mal, et que ce qui n'est pas contraire aux lois positives n'est pas toujours honnête. Aussi voyons-nous les lois positives faire concourir ensemble la justice, l'ordre public et les bonnes mœurs.

C'est par cette harmonie que le législateur tend à identifier les lois humaines avec les causes constantes de l'ordre, imitation vraie de l'harmonie de la nature. C'est là que se trouve le secret du grand art du législateur, pour conserver dans l'état social cette union parfaite entre tous les citoyens et les grands corps de l'État, et maintenir ainsi l'ordre et la paix dans la société.

Les lois et les institutions humaines sont au-dessus de tous; elles veillent pour tous, elles exercent au milieu des sociétés la justice comme la paternité universelle.

Sans doute le législateur ne peut commander à l'homme d'être juste et vertueux, mais il peut, dans les cas de dévoûment extraordinaire, d'action d'éclat, de sacrifices accomplis en-dehors des lois positives, accorder des récompenses. Le législateur peut également défendre ce qui est contraire à l'ordre public et aux bonnes mœurs, et infliger des peines à ceux qui enfreignent ses défenses : car, le moyen le plus efficace pour empêcher le mal, c'est de le punir. *L'important n'est pas que les peines soient rigoureuses, mais inévitables;* afin que les hommes soient bien convaincus que tout délit est une cause certaine de souffrance.

Les lois pénales sont les meilleures garanties des peuples, elles sont un des plus grands bienfaits qu'ils puissent recevoir; car elles veillent pour lui et le protègent dans tout ce qu'il a de plus cher : sa sûreté, sa liberté, sa propriété, son honneur.

La société, avant d'établir une peine à un acte, proportionnée à l'intérêt qu'elle a d'empêcher la récidive, se demande si elle a le droit de punir, si en frappant elle ne fera pas une injustice, et ce n'est que lorsqu'elle est rassurée sur le problème de justice et d'équité qu'elle obéit à son intérêt de frapper; elle ne veut rien faire que la justice distributive ne l'autorise. Ainsi, les deux principes de la justice et de l'utilité sociale concourent dans la législation pénale. Les lois de Solon avaient gardé le silence sur le parricide; c'était un sentiment honorable qui l'avait inspiré, comme on voit chez la plupart des peuples modernes un honneur qui s'égare et qui les porte à croire que le sang seul peut réparer même une faible injure.

Les lois pénales écartent les périls les plus grands qui peuvent compromettre l'ordre dans la société, la violation des droits des personnes et des propriétés, comme ceux qui peuvent affliger l'homme et sa moralité; elles proscrivent ces grossières séductions, ces exemples scandaleux, cette propagation de doctrines immorales dont l'impunité exercerait une action funeste sur l'opinion et sur les mœurs.

La perfection morale des individus rend l'obéissance aux lois plus facile; elle tend à extirper les vices, source de tous les crimes; elle est donc une nécessité sociale qui tend à prévenir le mal.

Les efforts du législateur doivent donc concourir avec ceux du père de famille, pour conserver et épurer les mœurs, qui sont un moyen d'ordre, de paix et de bonheur.

Mais le père ne se borne pas à surveiller ses enfans, à écarter le mal par des défenses, par des peines, lorsqu'il est obligé de recourir à elles; il les excite, les encourage à bien faire par des récompenses variées, par l'instruction morale et religieuse, par tous les moyens que lui suggère sa tendre sollicitude. Le législateur doit donc l'imiter par tous les moyens généraux qui sont en son pouvoir.

Il faut le reconnaître, le but de la société n'est pas restreint aux intérêts matériels de l'homme, au-dessus d'eux sont les *intérêts moraux* sans lesquels elle ne peut tendre qu'à décliner et à se dissoudre. Rien ne supplée les bonnes mœurs, rien ne supplée à leur puissance, à ce caractère de grandeur qu'elles impriment. Elles intéressent à un si haut degré le bien général de la société, qu'il est démontré par les faits rapportés par l'histoire, que les nations qui jettent le plus d'éclat n'ont pas de grandeur réelle, de puissance solide, de prospérité durable sans les mœurs. La moralité, la vertu, *objet* de la destinée de l'homme, a réellement une valeur politique, elle est la base, la véritable fortune et la plus grande gloire des peuples.

Ce n'est pas seulement par des lois, mais par des principes de justice fortement empreints dans les cœurs, qu'un état est bien gouverné, disait Lisias, parce que ces principes améliorent et finissent par former les mœurs d'un peuple.

Ce serait donc une grande erreur de croire que le but de la société peut être atteint sans le secours d'institutions vertueuses, et qu'il suffit au législateur de défendre le mal et de maintenir l'ordre; il doit, au contraire, employer tous ses soins, tous ses efforts à créer, améliorer ou protéger efficacement les institutions qui tendent à conserver, à épurer la morale publique.

C'est dans ce but que nos législateurs ont créé l'adoption, cette paternité fictive destinée à imiter et suppléer la nature, qu'ils ont donné des garanties à l'autorité du père de famille, le gardien des mœurs de ses enfans; qu'ils ont établi cette belle institution de la Légion-d'honneur et celle de l'éducation publique, qui forme la pensée et règle les sentimens qui président à tout. Il faut donc que, dans toutes les écoles, on enseigne ces principes de morale capable d'arriver jusqu'à l'âme ; mais il n'y a que la religion capable d'arriver sûrement jusque là. Aussi, voyons-nous le législateur accorder à la religion une protection spéciale proportionnée à son importance.

L'éducation des enfans intéresse l'individu, la famille et la société. La loi devait donc laisser d'abord au père la première éducation de ses enfans, elle le devait à ce sentiment paternel qui jouit du bonheur si doux de désirer toujours le succès, sans jamais connaître l'envie. Mais la société devait donner au père le moyen de perfectionner ce qu'il n'avait fait qu'ébaucher ; d'ailleurs, l'amour de la famille, qui conserve et concentre l'éducation des enfans, eût été insuffisant dans la société, si une instruction publique n'avait eu la patrie pour base et pour lien ; il faut une terre commune, des lois, des mœurs, des institutions communes pour fonder la patrie. Ce lien si fort qui nous attache au pays qui nous a vus naître, où se sont développés nos premiers penchans, nos premières pensées, nos premières affections et ces croyances qui ont fait notre consolation et nos espérances de bonheur, c'est par l'éducation publique, par les récompenses, par l'amour de la gloire, que cet amour de la patrie, si naturel aux Français, peut se conserver et se développer.

C'est de la combinaison intelligente de la justice et de la sympathie que découle la solution du formidable problème social ; mais ces principes théoriques, qui pourraient être consacrés par les lois humaines, seraient encore insuffisans pour assurer l'obéissance aux lois, l'ordre et la prospérité sociale, si la religion ne leur prêtait son secours et son appui.

Quelle que soit cependant l'utilité de cet appui, la religion, qui n'est que l'éducation de l'homme pour la vie future, ne peut prétendre à l'empire dans la société civile ; celle-ci a pour but les intérêts de la vie présente, elle doit elle-même pourvoir à sa conservation, à sa défense, par l'exercice de la plénitude du pouvoir souverain ; *mais la religion ne demande que la liberté de vivre et de faire le bien,* Dieu ayant déclaré à ses apôtres que son royaume n'était pas de ce monde.

Non, elle ne s'inquiète point des modifications du gouvernement ; à travers toutes les formes sociales, elle peut toujours poursuivre son œuvre : la charité chrétienne, la régénération des mœurs, le salut des âmes.

DEUXIÈME ARTICLE.

L'Etat est un être abstrait, l'homme seul est une force vivante et la société ne possède rien qu'elle n'emprunte aux individus qui la constituent; la société est riche de leur richesse, forte de leur courage, faible de leur impuissance; en un mot, c'est le concours des familles qui forme la grande famille de l'Etat. L'individu est l'élément organique de la société; elle vit de son existence, elle tient tout de lui : sa nature, sa force et sa destinée.

L'Etat, créé non pour lui-même, mais pour les individus qui le composent, a pour objet l'accomplissement de leur destinée. Les sociétés humaines existant, vivant et mourant sur la terre, leur but suprême, direct est leur propre conservation; l'individu seul est immortel, et comme la société ne doit pas vivre au-delà de ce monde, c'est ce qui fait que n'ayant pas de destinée future, spéciale, elle épouse la destinée des individus qui la composent, seconde leur nature, les protège, leur garantit leur personne et leurs biens et les conduit à leur destinée.

Je le sais, les idées de Platon, dans sa république, imprégnées de panthéisme sont opposées à celles que nous exprimons ici; il fait des individus qui composent la société un moyen et non pas un but, il sacrifie la personne humaine et l'absorbe dans l'Etat; cette harmonie, cette diversité de facultés, par laquelle nous méritons le nom d'hommes, et qui fait de chacun de nous un être complet, elle est détruite dans l'individu et n'existe que dans la société. (mais voyez *page* 36.)

Nous n'avons pas suivi cette marche pour conserver l'harmonie entre la politique et la religion. L'idée de Dieu et de l'immortalité de l'âme, avons-nous dit, est un rappel à la justice, à la sympathie, à la charité, elle est conforme au besoin de tous, en harmonie avec les devoirs, les droits, la dignité humaine; la sanction des lois naturelles et positives, bien plus, la sanction des causes constantes de l'ordre des sociétés. (Voyez *page* 68.) Il est donc nécessaire que les institutions publiques portent l'empreinte de nos propres principes, qui supposent toujours un avenir meilleur dont cette vie n'est qu'un apprentissage, en les faisant pénétrer dans l'éducation des enfans et des hommes, en s'appliquant à élever leur âme, afin qu'ils soient moins asservis à ce désir de bien-être et de jouissances matérielles qui engendrent l'égoïsme et les excès de la liberté. Je veux dire de la liberté que les passions recherchent, celle de l'envie, de la haine, de la discorde; celle que les sectes, les factions préconisent. Mais nous devons désirer le développement de la liberté régulière et sensée qui, respectant les droits de tous, ne peut faire ombrage à la justice et à l'ordre public (*V*, p. 60); c'est-à-dire de cette liberté de la bienveillance, de la générosité, de la reconnaissance, de l'équité. C'est cette liberté qu'on ne peut concevoir, non plus que la vertu, sans le devoir, le droit, la dignité humaine; cette liberté conforme aux besoins de tous, en harmonie avec les causes constantes de l'ordre.

Le législateur, le plus souvent, cherche à agir sur le mal directement, par *des commandemens et des défenses*, pour en diminuer la force, la fréquence ou le danger. Mais, pour les choses morales, il doit agir, comme nous l'avons dit dans l'article précédent, d'une manière indirecte, moyen souvent plus puissant et plus adroit; c'est ainsi que Moïse sut appliquer l'influence de la religion pour donner une sanction plus forte aux moyens qu'il voulait prescrire pour la salubrité et la santé des citoyens.

Si les lois que suivent les corps célestes dans leurs cours sont considérées comme un noble et utile objet de nos connaissances, quoique nous ne puissions exercer aucune influence sur leurs résultats, combien les lois que suivent les sociétés humaines, celles au moyen desquelles une nation s'élève au plus haut degré de moralité, d'ordre et d'opulence, ou s'enfonce dans l'abîme de la perversité, de la misère et de la barbarie, ne sont-elles pas plus utiles pour nous, puisqu'elles touchent de plus près à notre bonheur et que nous pouvons exercer une grande influence sur les phénomènes de leur action. Quant à la science de l'acquisition, de la distribution et de la consommation des richesses ou de l'économie politique, les opérations des gouvernemens sont autant d'expériences en grand, propres à les éclairer sur la conduite à tenir dans des cas semblables à ceux qui se sont présentés. Aussi cette science n'est-elle vraiment utile qu'aux législateurs et aux hommes d'Etat. Les auteurs qui en ont traité sont encore loin d'être d'accord entre eux. (Voyez le cours de Vendermonde, fait à l'école Normale, pendant la première république; les élémens de M. d'Hauterive, celui du malheureux Rossi, qui n'est pas terminé, celui de Michel Chevalier;) Quant à celui de J. B. Say, voici comment s'exprime M. Victor Cousin : « Je dois dire qu'en propageant les doctrines de Schmith, il en a porté les défauts à un tel excès, qu'il a suscité cette réaction extravagante qu'on appelle socialisme. »

L'acquisition des richesses chez une nation est dans l'intérêt de l'ordre et de la morale même, car il est facile d'apercevoir que, lorsqu'une nation multiplie ses ressources, les richesses qu'elle a dans ses mains peuvent servir en même temps à répandre le bien-être et l'aisance dans les familles et que là où nulle richesse n'est recueillie ni amassée, l'esprit des hommes, constamment occupés à pourvoir à leurs besoins physiques, ne saurait être cultivé; que les sentimens des individus sont étroits, et que l'intérêt personnel et l'égoïsme y établissent plus naturellement leur empire.

Si les lois humaines protègent, favorisent les intérêts moraux des individus qui composent la société, elles ne négligent pas leurs intérêts matériels; elles les règlent, les protègent, en favorisent le développement, c'est même en cela que consiste leur objet direct et principal.

La société protège l'agriculture, le commerce, l'industrie qui seconde le travail, qui prévient l'oisiveté et la misère qui incite au crime.

L'augmentation des besoins factices, en accroissant le mouvement de l'industrie et les profits des ouvriers, peut suppléer à ce que les mœurs, les usages anciens ont rendu inutile.

L'industrie et le commerce ont besoin de confiance, mais la confiance qui naît de la vérité ne s'établi que lorsque la tranquillité règne dans la société. La tranquillité a pour cause première l'harmonie qui règne entre les citoyens et les grands corps de l'État; mais si les transactions entre les citoyens ont besoin de confiance en matière civile et commerciale, la confiance née de la vérité et de la bonne foi ne se commande pas; c'est en réglant, en éclairant les citoyens sur leurs capacités respectives de s'obliger, comme sur les propriétés des biens qui peuvent en être l'objet ou les garanties, qu'on peut faciliter les transactions. Je le sais, chez nous, la législation renferme une très belle théorie des publicités, mais elle laisse encore quelques lacunes, elle n'est pas complète, nous en dirons un mot.

Relativement à l'harmonie entre les grands corps de l'État, c'est à son souverain à entretenir cette harmonie, *c'est son devoir*; il faut donc qu'il ait le pouvoir nécessaire pour remplir ce grand devoir. C'est donc avec raison que, chez nous, plusieurs de nos institutions accordaient au chef de l'État le pouvoir que les publicistes appellent *modérateur*, parce qu'il tend à modérer l'action de ces grands corps, à prévenir tout choc, toute lutte désastreuse, à entretenir ou rétablir l'harmonie qui doit exister entre eux.

Le gouvernement, assis au centre de toutes les positions, reçoit de ses délégués tous les vœux, toutes les lumières qui intéressent la société; il connaît tous les besoins du peuple, il peut donc seul indiquer au législateur les moyens d'améliorer à la fois la situation matérielle, la condition sociale et l'état moral des peuples, et concourir ensuite à produire le bien par une exécution constante, intelligente des lois, il vivifie le corps social, s'efforce à pourvoir à tous les besoins physiques, intellectuels et moraux.

Le gouvernement doit donc seul avoir l'initiative des lois. Avant aujourd'hui, on permettait aux corps législatifs de faire des amendemens aux lois proposées; mais qu'était-ce qu'un pareil pouvoir? prétendre amender sans réserve une loi proposée, n'était-ce pas reprendre l'initiative que plaçait ailleurs la Constitution? n'était-ce pas s'attribuer un droit qu'elle n'avait pas reçu d'elle. (Voyez la Charte de 1814, art. 46.)

Il est des lois qui imposent au pouvoir exécutif un devoir positif dont il ne peut s'écarter: ce sont celles qui concernent la justice sociale; le chef de l'État délègue le pouvoir à des juges qu'il nomme et qu'il institue. C'est une des grandes limites de son pouvoir, puisque dans la société toute chose aboutit à des jugemens, et que dès lors l'intervention des juges inamovibles est une garantie véritable des libertés du peuple.

D'autres lois, celles de l'administration publique laissent au pouvoir une certaine latitude, parce que ce qui en fait l'objet est susceptible de varier suivant les circonstances; mais alors même que l'Administration semble agir de sa propre autorité, il existe des règles qui fixent ce qu'elle ne doit pas faire; on les trouve dans la foi des contrats, l'autorité de la chose jugée, les attributions des tribunaux; elle a de plus un guide dans ce qu'elle doit faire, guide qu'elle ne doit jamais perdre de vue: c'est *la justice, l'équité.* C'est ainsi que dans la nature rien n'est plus variable que les phénomènes qu'elles présentent, et cependant tous les phénomènes sont assujettis à un petit nombre de lois immuables.

Le chef de l'État, qui représente la grande *personne* morale de la société, a, comme les individus qui la composent, les mêmes besoins moraux de justice et de sympathie. Quand il veille à la conservation de la société, c'est la justice et la sympathie qui doivent lui servir de guide. La sympathie, ce sentiment commun à tous les hommes, ne doit pas lui être étranger, c'est-à-dire la bienveillance et la bienfaisance et toutes les vertus.

Pour la société comme pour les individus, la bienfaisance n'est qu'un devoir moral, ce n'est pas un droit, un devoir de justice; si la bienfaisance n'était pas volontaire, elle ne serait pas méritoire, elle ne serait pas une vertu dont l'inestimable grandeur consiste dans la volonté libre. Sans doute la société ne doit pas rester indifférente au malheur, elle doit exercer la bienfaisance, la charité; mais ce devoir laisse la société juge de ce qu'elle peut et doit faire, suivant les circonstances; elle ne peut s'engager au-delà de ce qui dépasserait ses forces.

La justice au contraire est un devoir rigoureux; le gouvernement doit donc respecter cette loi générale de la justice et la faire respecter entre tous et toujours.

La sympathie n'est pour la personne morale de la société qu'un sentiment semblable à celui qu'éprouve le père de famille pour ses enfans. Le chef de l'État, qui le représente, doit donc se considérer comme le père de la grande famille que forme la nation; il doit faire une part convenable de la justice et de la sympathie, suivant leur destination respective. Il doit comme un bon père de famille exercer une surveillance sans cesse active, distribuer les récompenses, les encouragemens aux hommes qui ont rendu de grands services à l'État, se réserver la distribution des grâces et laisser au magistrat le soin de *décerner* les peines.

Un grand législateur de l'antiquité avait exprimé le désir qu'on parvînt à ne plus voir d'indigens, d'hommes obligés de mendier les secours d'autrui. C'est le but noble et élevé que se proposait Louis XIV; si nous en croyons ses pensées consignées dans ses mémoires, il ne visait pas seulement au faste, à la grandeur, à l'ambition, « mais à faire en sorte,
» *non pas à la vérité qu'il n'y ait plus ni pauvres ni riches*, car
» la fortune, l'industrie et l'esprit laisseront éternellement
» cette distinction entre les hommes, *mais au moins qu'on*
» *ne voie plus dans tout le royaume ni indigent ni mendicité*, je
» *veux dire personne qui ne soit assuré de sa subsistance*, *ou*
» *par le travail, ou par un secours ordinaire et réglé*. (Tome
1er, page 15.)

Pour s'acheminer vers ce but, les lois doivent offrir un appui généreux à toutes les infortunes, développer les lois qui respectent les vêtemens du pauvre, les instrumens de son travail; respecter surtout les communaux et se borner à organiser les moyens d'en augmenter les produits; propager les usages antiques qui accordent aux pauvres quelques profits sur les vendanges, sur les moissons, sur les repas de mariage et les fêtes, les spectacles, etc., etc.

Mais si le chef de l'État a un but et des devoirs semblables à ceux d'un bon père de famille, il doit faire participer au gouvernement de l'État l'intelligence et la vertu, le talent et l'habileté; ces qualités sont nécessaires à l'autorité: la vertu rehausse la dignité, inspire le respect, conduit par la bienveillance, et attire la confiance.

Mais la confiance ne se commande pas, il faut la mériter

par la pratique de toutes les vertus, par la justice, la bienfaisance, la loyauté, la bonne foi.

Ces règles de conduite du pouvoir ne sont pas seulement pour satisfaire la conscience de ceux qui *le dirigent*, mais encore dans l'intérêt de la nation ; car ce sont les principes de justice et d'humanité qui fondent et conservent les sociétés.

Dans l'ordre civil comme dans l'ordre politique, l'incertitude est un fléau, et c'est surtout au législateur qu'il appartient de le combattre ; mais il ne sortirait pas triomphant de la lutte si, au lieu de fixer le vaisseau de l'Etat par les ancres de la justice et de la sympathie, il le laissait flotter sur lui-même, exposé à l'agitation et aux vicissitudes des choses humaines.

TROISIÈME ARTICLE.

Nous avons considéré la propriété en elle-même, c'est-à-dire la propriété individuelle ; car il n'y a dans la nature que des individus et des suites d'individus, c'est-à-dire des familles, personne morale, naturelle.

La raison qui motive le droit de propriété individuelle est étrangère à l'Etat, dont l'existence collective n'est pas sujette aux mêmes besoins de la vie naturelle des individus ; c'est une personne morale, artificielle, une abstraction, ainsi que celle des communes, ou établissement public.

Les individus ont, sur les biens dont se composent les propriétés, des droits antérieurs à la formation de ces sociétés publiques ; parce que ces sociétés ne peuvent exister avant les membres destinés à les former.

L'Etat, nous l'avons dit dans l'article précédent, est un être abstrait ; l'homme seul est une force vivante, et la société ne possède rien qu'elle n'emprunte aux individus qui la constituent : la société est riche de leur richesse, forte de leur courage, faible de leur impuissance ; en un mot, c'est le concours des familles qui forme la grande famille de l'Etat. L'individu est l'élément organique de la société ; elle vit de son existence ; elle tient tout de lui : sa nature, sa force et sa destinée.

L'Etat, créé non pour lui-même, mais pour les individus qui le composent, a pour objet l'accomplissement de leur destinée. Les sociétés humaines existant, vivant et mourant sur la terre, leur but suprême, direct est leur propre conservation ; l'individu seul est immortel ; et comme la société ne doit pas vivre au-delà de ce monde, dès-lors, n'ayant pas de destinée future, elle épouse la destinée des individus qui la composent, seconde leur nature, les protège, leur garantit leur personne, leurs biens, et les conduit à leur destinée.

Je le sais, les idées de Platon, dans sa *République*, imprégnées de panthéisme, sont opposées à celles que nous exprimons ici. Il fait des individus qui composent la société un moyen et non pas un but; il sacrifie la personne humaine et l'absorbe dans l'Etat; cette harmonie, cette diversité de facultés, par laquelle nous méritons le nom d'homme, et qui fait de chacun de nous un être complet, est détruite dans l'individu et n'existe que dans la société. (*V. page* 36.) Mais Platon a été mieux inspiré dans ses *Lois idéales.*

Les individus qui composent les familles ont un droit sacré pour le corps même de la société; ils existent réellement indépendamment d'elle, en sont les élémens vivans nécessaires. Les familles en font partie avec tous leurs droits, sous la protection des lois, auxquelles elles sacrifient leur indépendance. Les autres corps collectifs qui composent la société ont une destination particulière qui concourt au bien commun des individus qui composent les familles.

Remarquez que la société n'est pas, en général, un composé d'individus isolés, mais une réunion, une agrégation de familles. Les familles sont autant de petites sociétés particulières dont la réunion constitue l'Etat, c'est-à-dire la grande famille qui les comprend toutes. Une famille est un tout composé d'individus descendant d'un auteur commun, un tout dont toutes les parties sont étroitement liées par le sang et les affections, dont on reconnaît partout les membres épars : union précieuse qui prépare à l'homme des soutiens, des appuis, en lui offrant partout des objets d'amour, de bienveillance et de bienfaisance, sur lesquels repose la morale publique et privée. Si dans la société on ne voyait que des individus isolés, ce serait par une abstraction contraire à la vérité. La loi, dans la société, doit toujours voir un père, un fils, des frères, en un mot un être complexe, comme il existe dans la nature, modifié dans ses rapports touchans de la famille.

Vouloir ne considérer dans la société que des individus isolés, serait vouloir ne considérer que le produit du communisme imaginé par Platon; ce serait vouloir prendre une cause accidentelle de désordre pour la cause principale et constante de l'ordre des sociétés, cause que la société tend incessamment à combattre par ses lois et par ses institutions.

Aussi le législateur n'abandonne pas le mariage, qui forme la pépinière de l'Etat, à la licence des passions; il en détermine la forme, l'âge des contractans, la nécessité du consentement des parens. Il règle aussi le droit de succession, aussi naturel dans la famille que l'affiliation ; le père apprend de la nature seule à transmettre sa succession à ses enfans, avant même que la loi en règle le mode. Bien plus, ne serait-ce pas méconnaître le droit de propriété que de méconnaître le droit de succession ? Nous avons vu (p. 26) que la famille était nécessaire à la propriété pour la justifier du reproche que le sol, de soi perpétuel, ne peut être matière d'appropriation par l'homme qui passe, mais par la famille qui se perpétue. En considérant les individus, abstraction faite de la famille, on arrive à une propriété transitoire, à une transformation, faute de transmission régulière. La propriété ne se conçoit pas sans une sorte de rapport harmonieux entre le propriétaire et la chose.

Comme l'Etat est obligé de défendre les personnes et les biens des individus, et principalement ceux qui composent les familles, les familles sont obligées de pourvoir aux besoins de l'Etat. La famille, qui se compose d'hommes et de propriétés, doit donc à l'Etat une partie de ses hommes pour la défense commune, et des subsides pour assurer la force publique nécessaire au maintien de l'ordre.

L'empire, dans la société, né de la souveraineté, ne renferme aucune idée de domaine proprement dit ; ce n'est que le pouvoir de prescrire et d'ordonner ce qui peut être utile pour le bien général ; il ne donne à l'Etat, sur les biens des individus qui le composent, que celui d'en régler l'usage, d'en disposer pour cause d'utilité publique, en indemnisant le propriétaire. C'est la loi des *équivalens*, qu'on retrouve dans l'électricité.

Cette puissance publique n'a été instituée que pour veiller à la sûreté des personnes et des biens des particuliers, ainsi que nous l'avons vu ; tellement que la sollicitude du législateur s'étend au-delà de la vie pour laisser à l'homme le libre exercice des bienfaits. C'est dans la crainte de blesser la propriété individuelle que les Romains abrogèrent la confiscation des biens, par respect pour les familles, si ce n'est pour le crime de lèse-majesté au premier chef.

Les lois les plus parfaites sont celles qui se rapprochent le plus de la nature ; tel est le droit de succession, qui excite l'activité personnelle, provoque l'effort. L'individu qui se serait contenté de peu, ne met plus de borne à ses travaux pour assurer un avenir à ses enfans, à ses proches, ou dont le succès doit profiter aux personnes qu'il affectionne.

J'éprouve toujours quelques regrets quand je ne partage pas les opinions de l'auteur de l'*Esprit des Lois* ; cependant mon respect pour la vérité m'oblige de m'écarter de sa doctrine pour le droit de succession.

Montesquieu ne fait dériver le droit de succéder que de la loi civile. Mais la loi civile, en fortifiant ce droit, qui a sa base dans la nature, n'affaiblit pas cette base et la détruit encore moins. On doit distinguer le principe général et le mode particulier de succéder : le mode appartient au droit civil et le principe au droit naturel. Le principe de Montesquieu, fondé sur des raisons d'Etat, est une doctrine dangereuse et subversive du droit de propriété; elle pourrait favoriser les écarts du despote le plus bizarre, puisque les successions n'ayant pas de type dans les lois de la nature, pourraient justifier toute espèce d'injustice, de confiscation. Aussi voyons-nous que Montesquieu justifie les règlemens barbares des Visigoths, qui admettent le fisc à la succession des pères et mères en commun avec les filles, ceux qui excluent les filles pour donner tout aux mâles, et les puînés pour donner tout aux aînés. (Voyez *Esprit des Lois*, liv. 26, chap. 6.)

Chez tous les peuples civilisés, l'Etat ne succède qu'à défaut de parens successibles : *Fiscus post omnes*, disaient les Romains. Il n'y a plus que des biens vacans lorsque la parenté s'arrête; alors la succession n'est plus qu'une espèce d'épave, qu'une chose abandonnée qui n'a plus de maître; elle reste alors à l'Etat, à titre d'indemnité, pour survenir aux charges de la justice et le maintien de l'ordre. Mais si l'Etat voulait hériter avant l'extinction de la parenté, ce serait méconnaître les liens qui unissent les familles; ce serait une usurpation : l'Etat ne peut se parer des dépouilles des familles, dont toute la sollicitude lui fait un devoir de protéger les biens et les personnes.

Avouons-le, on a trop souvent confondu, en matière de propriété, la garantie avec le droit lui-même. Quand l'inégalité naturelle se manifesta par ses abus, quand les plus forts attentèrent à la propriété des plus faibles, ce fut alors que les familles éparses cherchèrent de nouvelles forces dans leur réunion; les sociétés se formèrent pour protéger les propriétés et les personnes. (V. *p.* 84.)

Mais que ces sociétés aient pu s'attribuer des droits qu'elles étaient chargées de défendre? Non, elles ne le pouvaient pas : elles auraient violé le principe et la fin de leur réunion. Le père de famille donne des soins à ses enfans, le sentiment paternel ne lui impose-t-il pas celui de prolonger ses bienfaits, d'en assurer l'avenir? Les sacrifices qu'il a pu faire pour eux seraient incomplets si sa succession ne leur était pas assurée. Sans cela, les hommes, dans l'état civil, y naîtraient de pire condition que dans l'état de nature, obligés de respecter la propriété de tous les autres, et perdant celle de leurs auteurs, de leur père. L'enfant hérite des défauts de son père, de ses maladies, de ses imperfections, et il ne pourrait hériter de sa fortune ! Le père qui lui a transmis le sang ne peut être privé de lui transmettre son bien. Je regarde donc comme *étrange* cette *proposition* de Montesquieu : *La loi naturelle ordonne aux parens de nourrir leurs enfans, mais elle ne les oblige point à les faire héritiers.* Je respecte ce grand génie, je le révère; mais l'ordre factice des sociétés, peut-être même un préjugé nobiliaire, ne lui a pas permis, un moment, d'user de sa pénétration ordinaire pour bien voir tout ce que renferme le cœur d'un père; aussi toutes les nations civilisées ont-elles regardé les enfans comme les héritiers naturels de leur père. (V. la loi 7 au *Digeste. De bon. damn.*)

Les familles, en entrant dans l'état civil, ne perdent pas les droits qu'elles avaient avant d'y entrer. La société n'est pas établie pour anéantir les droits naturels des hommes, mais pour en régler l'usage, pour en assurer l'exécution par une garantie nouvelle.

Le droit de succession entre parens, attaché à l'état de famille avant l'établissement des sociétés, ne doit donc, en y entrant, recevoir aucune atteinte; il n'en doit devenir que plus fixe, plus assuré par les garanties des lois civiles.

Je le sais, l'esprit révolutionnaire tend à réduire la société à de simples individualités. La désagrégation des parties est un moyen expéditif de parvenir à la démolition d'un tout; mais l'ordre veut que la société conserve, comme objet principal, les associations d'individus où existent des sentimens, des intérêts qui leur servent de lien. Il faut donc conserver et propager cet esprit de famille si nécessaire à l'ordre et à la prospérité de la société. (*V. pages* 25, 27 et 28.)

Remarquez que l'intérêt du père de famille porte au maintien de l'ordre, à la stabilité de la société; c'est là ce qui le *préoccupe* fortement pour sa tranquillité, pour son bonheur; la conscience que la société dans laquelle vivront ses descendans sera paisible, bien ordonnée, l'*intéresse* sans cesse. Le célibataire ne laisse rien après lui; des sentimens pareils ne le *préoccupent point*; ses vœux pour l'ordre futur de la société n'appartiennent qu'à quelques intelligences d'élite, à quelques philanthropes. Mais ceux du père de famille sont plus étendus, plus puissans; il a sans cesse les yeux fixés sur l'avenir de ses enfans et de la société; il désire constamment concourir à l'ordre présent et futur; il désire vivement que la société soit assise sur les bases immuables de la propriété et de la religion, sur l'esprit de famille, nécessaire pour assurer, dans tous les temps, l'ordre des sociétés, la concorde et la paix entre tous les citoyens qui la composent.

Qu'on ne dise pas que j'ai employé de la métaphysique dans cet article, car je demanderais comment l'on peut, sans métaphysique, définir la propriété, le domaine, fixer les rapports de l'état naturel à l'état de société, définir ce que c'est qu'un corps moral, distinguer les propriétés individuelles de celles des corps, et les droits naturels des droits civils. Lorsqu'on n'a que des termes métaphysiques, il faut bien l'être soi-même, ou se trouver hors de son sujet.

QUATRIÈME ARTICLE.

DE LA MISÈRE ET DE LA CHARITÉ.

La charité n'aspire pas à détruire la misère, mais à la soulager ; elle aurait plutôt l'inconvénient d'entretenir le défaut de prévoyance, l'intempérance, la prodigalité ; parce qu'elle organise une promesse qui crée dès-lors l'attente, attente qui pourrait affaiblir la prévoyance, si l'expérience ne prouvait aux pauvres que cette attente n'est pas toujours réalisée. On ne doit donc pas, comme le dit M. Cherbuliez, considérer la charité comme un *vice capital* ; il faut, au contraire, que la société comme les individus qui la composent ne restent pas spectateurs des maux causés par la misère sans la soulager. Cependant la bienfaisance ne doit pas être répandue au hasard. Sans doute, la charité n'a pas pour but de détruire la misère ; car la misère *est un effet, et pour la détruire, il faut agir sur ses causes, tendre à en diminuer l'intensité et l'étendue*. Nous tâcherons de donner sur cet objet quelques vues faciles dans l'application, que plus tard nous essaierons de féconder.

Voyons donc quelles sont les causes de la misère, afin de reconnaître les moyens d'y porter remède.

On tombe dans la misère ou l'indigence :

Première catégorie.

1° Par la fainéantise ;
2° Par la vieillesse ;
3° Par des infirmités ou des maladies ;
4° Par le défaut de parens pour les enfans.

Deuxième catégorie.

5° Par les ravages de la chicane ;
6°   —   de la grêle ;
7°   —   des incendies ;
8°   —   des inondations ;
9°   —   des ouragans ;
10°   —   des épizooties.

Autres causes moins directes.

11° Les mauvaises mœurs. Nous avons développé jusqu'ici les moyens d'atténuer cette cause.

12° Les mauvaises lois.

Telles sont les causes principales de la misère.

OBSERVATIONS SUR CHACUNE DE CES CAUSES.

1re cause, la fainéantise. — Tout homme qui aime mieux mendier que de travailler, vit aux dépens de la société. Les dépôts de mendicité ont été établis pour remédier à ce mal.

2e cause, la vieillesse. — Ce mot seul doit inspirer la vénération à tout homme qui n'est pas dénaturé. Si un vieillard dans le besoin a des enfans, c'est à eux à le nourrir ou à lui payer une pension. (Voyez art. 203 et suivans du Code civil.)

3e cause, les infirmités et les maladies. — Soulagez la victime, à moins qu'elle n'ait des parens à qui la nature et la loi leur fassent un devoir de les soulager.

4e cause, défaut de parens pour les enfans. — C'est à cette cause que s'appliquent les établissemens de bienfaisance sous le nom d'*Orphelinat*.

Deuxième catégorie.

5e cause, les ravages de la chicane. — Les bureaux de conciliation sont mal établis.

Dans le cas où le juge de paix ne peut concilier les parties qui se présentent devant lui pour cet objet, avant de dresser un procès-verbal de non-conciliation, il devrait les renvoyer à un autre jour et convoquer quelques membres de l'assistance judiciaire qu'il juge les plus capables, suivant la nature de l'affaire, pour lui aider à opérer un rapprochement.

La manière dont Rhadamanthe terminait les procès, chez les Crétois, est digne de remarque; elle était simple et prompte : il déférait le serment aux parties sur chaque point contesté. Mais les hommes étaient alors religieux; aujourd'hui qu'ils le sont moins, cette méthode ne pourrait être adoptée, il y aurait trop de parjures; mais cela prouve, du reste, combien sont importantes les idées religieuses chez une nation.

Depuis bien longtemps on s'est récrié sur les frais des actes judiciaires; il y a plus de trois siècles que Rebuffe, donnant des conseils aux personnes qui voulaient plaider, leur disait entre autres choses : *Si quis voluerit tuam tunicam tollere et in judicio condere, da ei et pallium.* Les dépens sont, en général, la peine des téméraires plaideurs. Socrate désirait qu'ils fussent bien lourds, afin d'empêcher la plupart des plaideurs de s'engager témérairement dans un procès. J'approuve fort ce principe, mais non les fausses applications qui en ont été faites à contre-sens ; car je pense que les motifs qui les ont fait établir n'existent pas pour les actes nécessaires que la loi commande, pour les actes conservatoires de leurs droits, les actes relatifs aux faillites, les actes d'administration légale des mineurs, des absens, des femmes, des interdits. On peut, à la rigueur, éviter un procès, mais on ne peut éviter les actes commandés par la loi aux individus pour la conservation de leurs droits. La société leur dit : Je vous prends sous ma protection ; le ministère public veillera à vos intérêts ; vous pourrez vendre vos biens, les partager. Notre protection vous suivra partout où la nécessité commandera la conservation de vos intérêts.

Chez tous les peuples civilisés, l'infortune est une chose sacrée. Aussi les Romains, qui ne restèrent maîtres du monde que parce quils furent équitables législateurs, accordaient-ils une protection aux insensés. Voyez la loi 28, au code *De Episcopis audient.*, qui, pour fixer la dot des enfans interdits, porte : *On s'adressera au Président de la province, du curateur de l'interdit et des plus proches parens.* Et cette loi ajoute : *Cela doit être fait de manière qu'il n'en résulte aucun préjudice pour les biens de l'insensé;* c'est-à-dire, anciennement, *gratuitement,* plus tard, *à peu de frais,* afin que leur infortune ne soit pas encore augmentée par des dépenses, et de ne pas *ajouter une affliction à une affliction.*

Les droits d'enregistrement et de greffe devraient être modérés pour les pauvres ou pour les gens peu fortunés. D'après ce même principe, on peut, soit par quelques droits fixes, ou par un mode semblable à celui de l'impôt foncier, qui est proportionnel, ou comme pour les délits, admettre des circonstances atténuantes. Je prouverai plus tard leur possibilité dans l'application, tout en respectant les droits du fisc, que l'intérêt public ne permet pas d'amoindrir.

Déjà, dans la nouvelle loi sur les faillites, de 1845, on est entré dans cette voie d'amélioration. Espérons qu'on voudra bien en faire autant pour les frais qui se rapportent aux autres objets que j'ai énumérés.

6e cause, la grêle. — Ne pourrait-on pas perfectionner, au moyen du calcul des probabilités, les Sociétés d'assurance contre ce fléau ?

7e cause, les incendies. — Etablir une bonne police pour les prévenir, et une Société de bienfaisance chargée d'aider les individus pauvres à faire assurer leurs chaumières.

8e cause, les inondations. — Il est difficile d'établir des

Compagnies d'assurance pour cet objet. Le Gouvernement doit faire étudier les causes de plus en plus nombreuses des inondations. Je crois que la destruction des bois est de ce nombre.

Toute société a besoin de la conservation des forêts pour les services publics et particuliers. Les bois sont essentiels à une bonne constitution atmosphérique ; ce sont des moyens naturels d'absorber les pluies, et dès-lors de prévenir les inondations.

Si l'on suit l'esprit de la loi du 29 avril 1845, elle doit tendre à diminuer la fréquence des inondations ; mais alors il faut que la servitude créée en faveur d'un fonds supérieur sur un fonds intermédiaire pour l'usage d'un fonds inférieur, ait pour objet d'en faire une prairie ou un jardin, ou bien pour diviser les eaux d'un *ruisseau*, d'une *rivière* pour le même objet. Mais si le propriétaire du fonds supérieur se propose d'assainir ses deux fonds pour en faire une terre mieux productive en grains, et faire couler les eaux dans des ravins ou des ruisseaux, je pense que, dans ce cas, il y a danger d'augmenter la fréquence des inondations, surtout si l'on fait surgir des eaux souterraines à la surface.

9e cause, les ouragans. — La même cause qui est celle de la destruction des bois, peut en augmenter l'intensité. Au surplus, soulagez les victimes.

10e cause, les épizooties. — Voyez le répertoire de Merlin, au mot *Epizootie*, les mesures de salubrité publique prescrites aux administrateurs, du soin de prévenir les épizooties, d'en arrêter le progrès, d'en empêcher la communication. Au surplus, soulagez les victimes.

11e cause, les mauvaises mœurs. — L'immoralité et l'absence de tout système religieux dans les classes inférieures doivent être regardées comme la première cause de cette dissolution qui amène la pauvreté ; les principes seuls de la morale n'offrent que des ressources impuissantes. Il n'y a que l'éducation civile réunie à une éducation morale et religieuse qui doit être considérée comme le premier moyen d'influence sur la pauvreté.

12e cause, les mauvaises lois. — Je me contente aujourd'hui de signaler celle sur les communaux ; plus tard, je parlerai de la loi sur la chasse, et notamment de cette loi très-importante des successions *ab intestat*.

Dans l'article précédent, nous avons dit qu'au nombre des moyens de prévenir la misère et la mendicité était celui de *respecter les communaux et d'organiser les moyens d'en augmenter les produits*. Nous avons dit aussi qu'après la famille, corps moral naturel, les autres corps collectifs qui composaient la société avaient une destination particulière qui concourait au bien commun des individus qui composaient la société; au nombre de ces corps collectifs, le principal est la *commune*, puis les hospices, etc.

Tout a été dit sur le régime de la commune, dit M. de Longlai, considérée dans son élément primitif.

« Les familles vivent d'abord isolées sous l'autorité do-
» mestique; bientôt elles se rapprochent; du voisinage
» naissent des besoins, des intérêts; elles sentent la né-
» cessité d'une administration, d'une autorité, et la com-
» mune est fondée. Les communes sont, en ce sens, aussi
» anciennes que la société. La commune, disait Royer-
» Colard, est comme la famille avant l'Etat: la loi politique
» la trouve et ne la crée pas. »

Les communes ont trois sortes de biens : ceux qui sont incompatibles avec une propriété privée, tels sont: les édifices publics, les églises, les chemins vicinaux, les rues, etc.

Les autres biens possédés par la commune sont de deux sortes : les uns sont ceux dont la propriété appartient à la communauté, mais dont l'usage et le produit n'appartiennent pas aux habitans *ut singuli*, mais gouvernés par leurs administrateurs et employés par eux au profit du corps moral de la commune;

Les autres, dont l'usage et le produit sont à chacun des habitans, quoique communs à tous, ce sont : les biens qu'on appelle proprement *communaux*; ce sont des droits d'usage, de servitude sur des bois, des pâturaux, des terres hermes ou vacantes; les habitans exercent leurs droits *ut singuli* sur ces propriétés communales.

L'origine des communaux se perd dans la nuit des temps; on en trouve des vestiges chez les Tarentins. Aristote donne de justes éloges, dans sa *Politique*, à une institution bien digne de l'affection des peuples. L'Etat avait des possessions qu'il mettait en commun pour l'usage des pauvres. Chez les Romains, une certaine étendue de terrain était destinée au pâturage des bestiaux : *In quo municipes jus pascendi habent*.

Les communaux, d'après l'ordonnance de 1667, de Colbert, étaient destinés aussi à nourrir des bestiaux pour fertiliser les terres et *faire trouver aux nécessiteux du soulagement dans leur misère*.

Tel était le but des ordonnances de Louis XIV pour anéantir la mendicité. (Mais voyez cette ordonnance.)

« Aurenz-Zeb, dit Montesquieu (*Esprit des Lois*, livre 23,
» chap. 29.), à qui l'on demandait pourquoi il ne bâtissait
» pas des hôpitaux, répondit : *Je rendrai mon empire si riche*

» *qu'il n'aura pas besoin d'hôpitaux.* Il aurait fallu dire : Je
» commencerai à rendre mon empire riche, et je bâtirai
» des hôpitaux.

» La richesse d'un Etat suppose beaucoup d'industrie, et il
» n'est pas rare que dans un grand nombre de branches de
» commerce, les ouvriers ne soient pas dans une nécessité
» momentanée. »

Montesquieu avait raison; quoi qu'on fasse, quelque
grande que soit la richesse d'un Etat, il y aura toujours des
pauvres. Hé bien! c'est pour cette masse de gens nécessiteux et pour augmenter le produit des biens particuliers
qu'on avait conservé les communaux, surtout les bois pour
chauffer les pauvres, et des pâtis pour leur donner la facilité de nourrir des bestiaux qui pussent les aider à vivre.
Sous la première république, on n'avait point respecté ces
biens, on en avait ordonné le *partage définitif* : loi désastreuse. Une loi de l'an IV l'avait jugée, en déclarant nécessaire d'en arrêter les funestes effets. (Voyez aussi loi du 2
pluviôse an V, qui défend au domaine de disposer des propriétés communales; loi du 21 mars 1813 et celle du 28
avril 1816.)

La commune est un corps moral dont la durée est indé-
finie; les biens communaux qui en sont le patrimoine doivent avoir la même permanence, soit pour servir aux besoins des pauvres, soit aux besoins communs des habitans,
et cette nécessité est incompatible avec un droit individuel
de propriété. Le partage ne pouvait profiter qu'aux habitans existans, dès-lors les pauvres à venir étaient déshéri-
tés, incapables, comme le dit l'ordonnance de 1667, de
faire subsister leurs familles, forcés d'abandonner leur
maison et de laisser les terres incultes.... Et comme nous
n'avons davantage à cœur, dit cette ordonnance, que de
garantir le faible du plus puissant et de faire cesser ces désordres, le moyen plus convenable est de faire rentrer les
communes dans leurs usages et communaux aliénés.

Les habitans des communes ne sont que de simples usa-
gers, en tant qu'ils jouissent *ut singuli* des biens communaux dont les fruits se perçoivent en nature, comme les bois,
les pâturages, terre herme, tourbière, etc., etc.; ils n'en
jouissent que dans la mesure présumée de leurs besoins, à
titre de *servitude inhérente aux aisances de leur domicile, de
leurs héritages particuliers,* pour l'utilité desquels ils ont été
réservés en commun, comme pour l'usage des pauvres.

Il nous paraît conforme au but de l'établissement des
communaux de permettre aux pauvres, comme à tous les
individus de la commune, de mener paître leurs bestiaux
dont ils sont propriétaires, pour leur usage. Mais quant à

la vaine pâture sur les héritages particuliers, nous pensons aussi que l'équité, l'humanité, l'esprit des lois en cette matière doivent engager l'autorité à permettre aux pauvres d'envoyer des bestiaux aux troupeaux communs en plus grand nombre que ne permet la section IV, art. 14, du code rural de 91, c'est-à-dire *plus* d'une vache avec son veau et six brebis. Les nuits de parc dont usent les propriétaires des champs, et qu'ils se disputent souvent, augmentent le produit de leurs terres ; pourquoi donc ne ferait-on pas entrer en considération, pour les pauvres, cet avantage dont ils ne peuvent profiter. Au reste, c'est à l'administration municipale et au préfet à faire des règlemens à ce sujet, suivant les circonstances. (Voyez arrêt de la cour de cassation, du 11 octobre 1821 et du 16 décembre 1842.)

Quoique nous proscrivions tout partage définitif des communaux, nous croyons qu'il serait utile de les partager pour un temps très-court, par exemple cinq ans ou dix ans, afin de les améliorer et les remettre dans leur premier état. Le partage définitif nous a paru faire pulluler dans les villes ces misérables qui ont commencé à demander le droit au travail, et qui ont fini, naguère, par demander la communauté des biens.

Quand les pauvres abandonnent leurs chaumières pour se rendre dans les villes, dans l'espérance d'y trouver du travail, il s'opère encore un double mal : ils y apportent de nouveaux élémens de misère qu'il faut soulager, et font concurrence aux ouvriers des villes, ce qui tend à réduire les salaires.

Le second moyen pour prévenir la misère est le travail et l'économie, l'habitude de la prévoyance et de l'économie, qui apprennent à mettre en réserve de petites sommes sur le salaire de la journée ; de là la nécessité des caisses d'épargne, comme de ces établissemens qui ont pour objet de pourvoir aux malheurs inattendus ; de là encore la nécessité de ces Sociétés de prévoyance et de secours mutuels.

Le travail est le plus sûr moyen de prévenir la misère ; ainsi, tout établissement qui a pour but de le faciliter doit être encouragé. On doit donc encourager l'établissement des crèches, des salles d'asile, des ateliers de charité, etc.

L'économie et le travail de l'homme, dans la rigueur, pourraient tendre à le nourrir dans sa vieillesse ; la pauvreté est principalement dans l'imprévoyance de l'avenir, dans la corruption des mœurs, dans cette consommation sans remplacement. Les assurances de toute espèce, celle sur la vie, peuvent offrir, surtout à la classe peu fortunée de la société, les moyens de prévenir l'indigence. Tout se tient dans l'ordre moral : le travail est le père nourricier

7

des familles; l'économie, jointe au travail, tend à la conservation des mœurs, et les fruits de ces moyens composés tendent à faciliter la satisfaction des besoins physiques comme des besoins moraux. (Voyez: *Sur le travail*, page 26.)

Une nouvelle voie est ouverte à la bienfaisance comme une nouvelle chance à l'affaiblissement du paupérisme, c'est en multipliant les assurances des moins fortunés; c'est en les aidant à assurer leurs chaumières, leurs récoltes, leurs bestiaux que l'on peut tendre à ce but.

Sans doute, la pauvreté peut se concilier avec toutes les vertus; mais dès qu'elle engendre la mendicité, cet état devient voisin de la plus dangereuse corruption.

La société doit sans doute protéger le riche comme le pauvre, tout le monde; mais cette protection doit être relative *aux personnes, à leurs positions respectives*; c'est un élément dont on ne saurait se dispenser de tenir compte.

La protection du législateur doit prendre en considération la pauvreté et ne point appliquer aux *indigens* ces règles d'une justice rigoureuse, sans égard au malheur de leur position, mais les tempérer par l'équité, par l'humanité, avoir égard à l'intensité des besoins respectifs des hommes. Le besoin du pauvre est la condition de la conservation de sa vie; ce ne sont pas de ces besoins factices, d'orgueil, de vanité, et quelquefois des besoins imaginaires.

Le vrai patrimoine du pauvre est dans les communaux. Ce patrimoine n'a pas l'inconvénient de la taxe des pauvres, établie en Angleterre, ou d'une charité réglée qui engendre *l'attente*, le vice de l'oisiveté; elle ne porte aucune atteinte à l'indépendance de l'homme, à sa dignité, comme la charité. Ce patrimoine peut exciter le travail, l'économie et tendre à fortifier toutes les vertus.

L'ordre n'est pas le but de ce qui existe, il n'est que la conséquence de l'observation des lois générales, physiques et morales, qui gouvernent l'univers, un moyen de conservation et de perpétuité. C'est à ce titre que ces lois reçoivent notre admiration et notre respect; et si les premières nous paraissent ravissantes quand nous admirons la majesté des cieux gouvernés par la grande loi de la gravitation, les secondes, leurs analogues, je veux dire les lois morales, celles qui ont pour base la justice, n'en reçoivent pas moins nos hommages, quand nous songeons qu'elles ont leur source dans la justice divine, qui a tout fait, par leur harmonie avec les lois physiques, pour la conservation d'individus et la perpétuité des espèces animées, et qu'elles pourraient faire le bonheur de l'homme, si elles étaient mieux connues et mieux observées.

CINQUIÈME ARTICLE.

DU SERMENT, DE L'HONNEUR ET DU DUEL.

Nous avons dit dans le précédent article :

La manière dont Rhadamante terminait les procès, chez les Crétois, est digne de remarque, elle était simple et prompte ; il déférait le serment aux parties, sur chaque point contesté. Mais les hommes étaient alors religieux ; aujourd'hui qu'ils le sont moins, cette méthode ne pourrait être adoptée, il y aurait trop de parjures. Mais cela prouve combien sont importantes les idées religieuses chez une nation.

DU SERMENT.

Le *serment* est un acte religieux par lequel celui qui jure prend la divinité à témoin de la sûreté de sa promesse.

Dans tous les temps et chez tous les peuples, le serment a été considéré comme une chose sainte et inviolable. Les Égyptiens punissaient de mort les parjures comme coupables des deux plus grands crimes ; la loi y voyait avec raison une injure à la divinité et une atteinte à cette confiance mutuelle qui fait le lien comme le bonheur des hommes réunis en société.

Chez les Romains, la scrupuleuse exactitude avec laquelle, dans les temps, le sénat tenait à garder ses sermens, avait passé dans les mœurs des particuliers. Durant une longue suite de siècles, on ne donna jamais aux censeurs une fausse déclaration du cens. La religion du serment mettait un frein aux passions, rendait les hommes soumis à l'autorité des lois et à l'observation des préceptes de la justice.

Il faut le reconnaître, une des semences les plus fécondes dans l'instruction morale des peuples, est la foi du serment. Mais quand on veut avilir une chose, on en abuse, et c'est ici un des exemples les plus déplorables que donne l'esprit de parti ; il foule aux pieds les premières notions de la morale, il trouve bon et légitime tout ce qui tend à son but, voire même l'assassinat, sans prévoir jamais que chaque parti peut être tour-à-tour victime de cette affreuse logique et de cet excès d'iniquité.

Il était réservé à notre siècle de lumière de voir des hommes élevés par leur position sociale, enseigner l'art d'éluder ou de violer un serment en toute sûreté de conscience. Je plains ces misérables sceptiques qui, dans l'égarement de leur passion, professent des maximes contraires aux bases fondamentales de l'ordre social dont ils réclament chaque jour l'appui. Mais il est temps de porter remède à ces maux, il est temps de restituer au serment toute la puissance qu'il peut exercer sur les hommes. C'est sur le parjure qu'il faut savoir organiser la honte, le mépris et l'infamie. Des peines corporelles n'atteindraient que le corps et non pas l'âme. Aussi doit-on mettre le serment au nombre des garanties de l'exécution des lois, comme des conventions et de la sincérité des témoignages; il est encore une autre garantie qui a le même but : je veux parler de *l'honneur*.

DE L'HONNEUR.

Le principe qui dirige la conduite de presque tous les hommes, c'est le besoin de considération, même d'une considération factice, d'où dérive cette passion qui tend à flatter l'opinion; sous des gouvernemens modérés, la considération publique est un besoin impérieux, l'obtenir est pour un citoyen la plus douce récompense.

Ce mobile peut faire pratiquer le bien et inspirer quelquefois les plus belles actions, non pas toujours pour le bien lui-même, mais pour arriver à cette considération désirée; c'est ce qui a fait dire à J.-J. Rousseau, dans un esprit de dénigrement : « Je vois écrit sur toutes les actions » des hommes de nos jours cette devise du baron de Fe- » nestre : *C'est pour paroistre.* »

Dans l'état social, il faut bien se garder de détruire ce stimulant des grandes actions, il ne faut pas s'enquérir des causes éloignées qui ont pu les produire, mais s'attacher aux effets utiles à la société; souvent même ces causes n'ont rien que de noble; il ne faut pas détruire cette garantie de la bonne foi qui donne au serment même une nouvelle force, mais il faut en diriger ses moyens, en arrêter les écarts.

Depuis longtemps les hommes ont loué le courage, ils ont considéré comme honorable de ne point redouter la mort. Le courage doit, sans doute, être honoré lorsqu'il est utile aux hommes, mais il doit être flétri s'il n'est employé qu'à leur nuire.

Le vrai courage n'est point excité par la haine et le désir de la vengeance, mais par l'amour de la patrie, de la justice ou de l'humanité; c'est là le courage qu'il faut honorer. Mais il est un honneur qui s'égare et qui porte les hommes à croire que le sang seul peut réparer même une faible injure : je veux parler du *duel*.

DU DUEL.

Le préjugé qui alimente parmi nous la fureur des *duels* ne se soutient que parce que, sans distinguer ni sa cause ni ses effets, le courage est également honoré; qu'on voit régner « l'opinion la plus extravagante et la plus barbare qui ja-

» mais entra dans l'esprit humain, savoir, que tous les de-
» voirs de la société sont suppléés par la bravoure, qu'un
» homme n'est plus fourbe, fripon, calomniateur, qu'il est
» civil, humain, poli, quand il sait se battre; que le vol de-
» vient légitime, l'infidélité louable, sitôt qu'on soutient
» tout cela le fer à la main; qu'un affront est toujours bien
» réparé par un coup d'épée, et qu'on n'a jamais tort avec
» un homme pourvu qu'on le tue. » J.-J. ROUSSEAU.

Dans les siècles de barbarie, le duel avait au moins quelque effet utile à la société, il servait à terminer les procès;
nos ancêtres regardaient le duel comme un jugement de
Dieu, ils pensaient que la Divinité présidait au combat pour
faire éclater la vérité et triompher l'innocence. Cette barbarie semble s'être perpétuée dans nos duels, c'est l'idée que
présente la forme ordinaire des cartels : *Faites moi raison de
l'affront que vous m'avez fait*, expression vide de sens si elle
ne signifie : prenons l'arbitre des combats pour juge de notre
différent, il ne souffrira pas que l'offensé succombe.

Le duel est contraire à la raison, à la morale publique et
aux principes sur lesquels reposent les gouvernemens con-
stitutionnels; c'est l'état sauvage. Cette vérité ne peut être
contestée, il ne nous reste donc qu'à rechercher le moyen
le plus efficace pour réprimer cette atroce frénésie.

Pour parvenir à déraciner les duels en France, il faut
combattre le préjugé qui l'enfante. Mais doit-on espérer
de vaincre ce préjugé reconnu par tous et cependant par
tous respecté? Oui, sans doute, l'art de gouverner les hommes n'est que celui de s'emparer de leurs passions, de les
*balancer les unes par les autres et de les diriger vers le plus grand
bien.*

L'institution de la Légion-d'honneur a satisfait à cette
passion nationale, l'*honneur*; mais les récompenses ne sont
que pour le vrai courage, le véritable honneur, et non pas
pour le courage résultant du faux point d'honneur, pour le
courage qu'on prétend montrer dans un duel; pour celui-ci
il faut agir en sens inverse, il faut le flétrir.

Si l'on consulte l'histoire, on sera forcé de reconnaître
que si les mœurs influent sur les lois, les lois à leur tour réa-
gissent puissamment sur les mœurs, et les alternatives de
prospérité ou de décadence des états ont toujours été le résultat de bonnes ou de mauvaises institutions. Le peuple
n'a pas une vertu dont le germe ne soit dans la nature, que
la législation n'ait mission de développer, et chacun de ses
vices *accuse l'impéritie du législateur.*

Je ne l'ignore pas, depuis longtemps on a eu recours à la
force des institutions, aux voies répressives de la législation, pour anéantir le duel en France, et l'usage du duel

subsiste encore. Mais l'inefficacité des moyens provient du mauvais choix des remèdes appliqués au mal qu'on voulait guérir. Les lois anciennes avaient prononcé la peine de mort et la confiscation des biens des duellistes. Quels succès pouvait-on attendre d'une législation si barbare! Prétendre épouvanter par la crainte de la mort des hommes habitués à la braver tous les jours, n'était-ce pas le comble de l'inconséquence? Aussi cette étrange législation, que réprouvait l'opinion publique, fut-elle frappée de nullité; chacun se fit un mérite de la braver, et les duels, qui jusqu'alors n'avaient eu lieu que dans des circonstances graves, devinrent à la mode. Les lois de colère et de crainte, dit Montesquieu, tuent inévitablement les coupables, mais elles ne diminuent pas le nombre des délinquans, et les supplices atroces usités au Japon n'ont point adouci les mœurs de ses premiers habitans.

Le mal était dans le préjugé qu'il fallait combattre, au lieu de tuer les hommes soumis à son empire; ce n'est point par des rigueurs, par des supplices qu'on pouvait espérer de réussir, mais par des moyens propres à changer les idées sur ce point, à leur donner une direction différente.

Deux centurions de l'armée de César, toujours jaloux, toujours ennemis l'un de l'autre, vidèrent enfin leur querelle par un défi. Ce défi consistait à montrer qui des deux ferait la plus belle action un jour de bataille. L'un d'eux, après avoir renversé un grand nombre d'ennemis, étant blessé et terrassé à son tour, fut secouru par son rival. Voilà les défis qu'il faudrait honorer et faire revivre par des récompenses.

M. Berryer, frère de l'ancien député de ce nom, a réclamé, dans les temps, la faveur de faire partie de l'expédition de Constantine, pour venger son ami, le brave Richepanse. C'est sur cette plage lointaine, ou en Orient aujourd'hui, que les militaires qui ont quelques querelles à vider doivent se donner rendez-vous, pour employer leur noble courage contre nos ennemis, et que le véritable honneur se plaira à leur décerner des couronnes.

En général, les hommes s'abstiennent volontiers des actes qui ne leur apportent aucun avantage, et ne se livrent qu'avec répugnance à ceux qui peuvent leur faire courir des chances aussi funestes que celles d'un combat singulier; mais la crainte du ridicule, celle du soupçon de lâcheté, l'emportent et sont les principales causes de la plupart des duels; on préfère braver la mort à l'opinion.

Voulez-vous faire une loi efficace sur les duels? faites qu'elle réagisse sur l'opinion dominante, sur le préjugé qu'il enfante, que les peines attaquent plus l'honneur que les personnes, qu'elle frappe le duelliste du sceau réprobateur; que, outre une peine légère d'emprisonnement, la loi déclare le duelliste déchu du droit de port d'armes; le déclare incapable des fonctions publiques; qu'il soit privé de l'exercice de ses droits politiques et de tout titre d'honneur.

L'histoire nous montre que les vengeances personnelles ne s'appaisent que lorsque les lois donnent des garanties que l'attentat sera puni par elles; mais il faut que la peine soit sagement établie, c'est-à-dire capable d'exercer quelque influence sur les idées, les passions de ceux qui s'y livrent. Les mœurs corses sont celles décrites par Tacite; ils sont reconnaissans, braves, fiers, sensibles aux injures; le Germain offensé courait aux armes pour se venger, et le Corse attend, pour remplacer la justice par la vengeance, que la justice lui ait été refusée par les tribunaux.

Si, au lieu d'une simple jurisprudence, un loi prohibait le duel, les magistrats seraient obligés de l'appliquer, et toute fausse interprétation pourrait être réprimée par la cour suprême.

CONCLUSION.

Ce qui imprime un caractère de grandeur et d'utilité à la théorie de l'ordre social, ce sont les secours par lesquels la spéculation parvient à aider la pratique; car la théorie n'est rien sans l'application, et la pratique seule sans la théorie n'est qu'une routine qui égare. Voilà pourquoi, au lieu de nous en tenir aux *causes possibles*, nous sommes remontés aux *causes réelles*; nous n'avons pas *imaginé un système*, fondé sur *des hypothèses*, mais nous avons tâché d'établir une *théorie* sur des faits moraux et positifs, sur l'expérience; prenant pour guide la nature des choses, des hommes et de leurs rapports, nous avons élevé la dignité humaine, cherché à améliorer la condition de l'homme, et surtout à rapprocher ce qui doit être de ce qui est ou a été, afin d'unir les résultats d'une utilité immédiate.

Une doctrine n'est vraie, dit Ferry, sur l'astronomie de Delambre, qu'autant qu'elle forme un tout sans aucune discontinuité. Une doctrine vraie et nouvelle est un ensemble de vérités dont quelques unes sont nouvelles ou dont l'enchaînement n'avait pas été aperçu.

Dans la société une doctrine vraie ne peut fructifier qu'en se répandant, en devenant vulgaire; c'est dans ce but que nous avons tenté d'être court et d'être clair, afin de faciliter l'intelligence du lecteur et lui faire saisir la liaison de toutes les parties de notre doctrine, sans apercevoir de discontinuité.

Notre théorie de l'ordre social est sans doute bien imposante, mais bien imparfaite, bien difficile; des difficultés d'un autre genre se présentent encore dans l'application, et celles-ci devraient bien nous rendre plus indulgens, plus tolérans pour les actes de ceux qui nous gouvernent. Le pouvoir, obligé de faire respecter les droits de tous, de faire pratiquer la sympathie, doit s'efforcer d'agir incessamment sur la volonté des hommes pour faire passer leurs idées, leurs croyances dans les actes; chose bien plus difficile que la simple connaissance, que la science; il doit s'efforcer de connaître les mobiles qui peuvent l'aider à faire mouvoir la volonté de l'homme; il doit consulter les penchans, les erreurs, les vérités, les besoins, les passions, les opinions de tous les individus qui composent la société, ce sont là autant d'anses dont il doit se servir pour les bien conduire; celui qui fait une théorie, s'il ne découvre pas une vérité, peut l'éluder, attendre; l'expérience pourra la lui révéler un jour. Mais l'autorité doit agir sans cesse pour le maintien de l'ordre, dans tous les temps, sur tous les hommes, immédiatement. C'est ainsi qu'il imite la nature dont les causes constantes conservatrices agissent à tous les instans et conservent ainsi leur supériorité sur les causes perturbatrices, variables, qui n'agissent que par accidens. L'autorité doit prendre les hommes tels qu'ils sont avec tous leurs vices et leurs vertus, exercer une grande influence sur leur volonté par les institutions, par les lois; obligé quelquefois de pencher un peu du côté vers lequel ils penchent pour les redresser afin de les *mettre* insensiblement dans la bonne voie. Observez que les hommes qui composent la société sont incessamment occupés *à observer* le pouvoir, à le juger en toute rigueur; mais la plupart de ceux qui le jugent n'ont aucune expérience, ils ont des intérêts, des passions qui influent sur leur jugement; ils ne voient pas que l'autorité doit réparer ce que d'autres ont déjà gâté; ils ne font pas la part des événemens indépendans de sa volonté. Mais à ce compte, des anges descendus du ciel, pour exercer le pouvoir, ne seraient pas à l'abri de toute critique.

En considérant la volonté comme un centre de gravité où aboutissent toutes les forces morales qui tendent à diriger l'homme vers la justice comme vers toutes les choses de la vie; ceux qui nous gouvernent doivent choisir dans la *conscience*, qui n'est que l'âme qui se juge elle-même; dans la *raison* qui l'éclaire; dans les sentimens du bien, qui sont en germe dans l'âme humaine et qu'il suffit de développer, ces ressorts qui tendent à le diriger vers le bien *moral*; ceux qui nous gouvernent ne doivent pas négliger non plus le sentiment de l'amour de soi, d'où naît l'intérêt personnel, qui sert de garantie au bien matériel, je veux dire la *santé*, la *fortune*, le *bien-être*.

Sans doute, nous l'avons dit, la recherche et la satisfaction des besoins physiques de l'homme ne sont pas le mal, mais ils peuvent le devenir s'ils sont recherchés, satisfaits en transgression des lois de la nature morale; il faut donc que l'autorité tende à concilier ces deux espèces de bien et faire en sorte que l'homme dans ses actions, comme le législateur dans ses lois, conserve cette harmonie qui existe naturellement entre eux.

Mais, remarquez qu'il ne suffit pas que cette harmonie existe dans chacun des individus, mais que les hommes entre eux soient dans une harmonie semblable pour le maintien de l'ordre des sociétés, c'est-à-dire l'harmonie sans despotisme et la liberté sans anarchie.

C'est pour cela que, dans la théorie comme dans l'application, c'est-à-dire que la législation et l'autorité doivent tendre à diminuer *les occasions que les hommes peuvent avoir de se nuire réciproquement* et d'en *atténuer le désir* par la sympathie, la modération, le désintéressement, la justice. Et puisque les lois répressives sont trop imparfaites, trop bornées, trop peu infaillibles pour atteindre ce but; il faut donc, pour maintenir l'ordre des sociétés, que la législation et l'autorité combattent d'accord le mal moral et physique par des moyens indirects, par des lois *préventives*, *par des institutions dont l'ensemble serve de complément aux lois répressives*, je veux dire ces moyens qui composent l'éducation des hommes, non-seulement pour les instruire, mais pour se faire obéir. C'est ici que l'objet de l'ordre grandit, que la législation comme l'autorité doivent exercer sur les penchans, les opinions, la volonté humaine, ces grandes influences qui en définitive ne tendent qu'à rendre les hommes justes et bons, c'est-à-dire, d'après cette belle définition des Romains, de faire régner chez les hommes cette volonté constante et perpétuelle, de rendre à chacun ce qui lui appartient, ce qui lui est dû.

Observez qu'il n'y a pas loin de la justice à la bienfaisance; que l'homme qui est devenu assez juste pour ne vouloir jamais rien prendre chez les autres, sera bientôt assez désintéressé pour prendre sur soi-même, pour se dévouer à ses semblables; on peut s'en rapporter à ce besoin d'affection, à cet amour du bien qui est en germe dans l'âme humaine et qu'il suffit de développer.

C'est ainsi que la législation et l'autorité doivent marcher d'accord pour se livrer à l'exercice de la sagesse pratique, sans se perdre dans les écarts d'une vaine et fausse philosophie, sans s'égarer dans un faux *système social, fondé sur des hypothèses que l'expérience dément, sur ces utopies qui, dans tous les temps, ont troublé le monde et fait le malheur des peuples qui ont tenté de les mettre à exécution.*

Le système des récompenses, trop négligé par nos législateurs modernes, est plus propre que celui des peines à produire la moralité; si nous devons préférer l'encouragement qui porte au bien, à la sévérité qui combat le mal, pourquoi ne tenterait-on pas de faire pénétrer les encouragemens en mille lieux où ne peut pénétrer la sévérité des peines.

C'est à l'institut national que nous devons la belle théorie et l'application des récompenses pour la perfection des sciences physiques et morales, pour les découvertes utiles, pour les bonnes mœurs; l'institut national a réalisé le véritable aréopage français, mis au niveau du progrès de notre civilisation. C'est par les récompenses que cette institution tend à recueillir des vertus, et c'est elle encore qui se charge de payer cette dette de la patrie. (Voyez le discours de M. Salvandy, cité plus haut.

Ce serait une chimère de penser qu'il faut toujours aux sociétés des vertus toujours pures, c'est peut-être le sublime instinct de quelques âmes privilégiées; mais dans la vérité on ne peut espérer une perfection si haute : il suffit à la société, pour le maintien de l'ordre, des vertus inspirées par l'harmonie des besoins physiques et moraux des hommes, qui subissent l'influence de tous les ressorts naturels au cœur humain. (Voyez l'article précédent). Ici-bas tout ce qui se pratique a besoin de guide et de règle, la vertu même n'est que le fruit d'un long et pénible apprentissage.

Chez un peuple éclairé l'opinion publique exerce une grande influence: si le Gouvernement l'éclaire, elle le seconde, mais il ne pourrait la braver sans danger; c'est en la dirigeant qu'il peut espérer de maintenir l'ordre, d'obtenir l'assentiment des mesures législatives et une exécution facile des lois.

Avouons-le, l'hygiène morale aujourd'hui est en proie à des idées bizarres qui tendent à confondre la torture morale avec la torture physique; c'est des Etats-Unis que nous vient l'isolement continu dans la cellule, pour guérir les maux de l'âme, les mauvais instincts; j'aperçois ici une philanthropie qui s'égare, qui invente le plus horrible supplice qui peut germer dans l'imagination humaine, système barbare qui tend à dégrader, à dénaturer l'homme physique et moral, qui tend à le rendre imbécile ou fou, dans le but de l'améliorer, où l'on a mis en oubli cet axiôme social : les peines doivent être proportionnées au délit, et les moyens que nous venons de développer pour exercer quelque influence sur la volonté de l'homme ; système, enfin, qui présente quelque analogie avec celui employé pour les animaux féroces, renfermés dans des loges, qu'on fait mourir de consomption, sans pouvoir détruire leurs dangereux penchans.

(*Extrait d'une suite d'articles* de M. Aug. Richond, *insérés dans* l'Annonciateur de la Haute-Loire.)

IMPRIMERIE DE GUILHAUME, AU PUY, RUE DU COLLÉGE.

www.ingramcontent.com/pod-product-compliance
Lightning Source LLC
Chambersburg PA
CBHW052050270326
41931CB00012B/2701